La Pobreza o La Riqueza Esta
Dentro de ti ¡Ya Basta! Despierta

Franky Vicente

Preguntas, comentarios o correspondencia concernientes a este trabajo deberán ser dirigidos al autor y sometidos a....

La Pobreza o La Riqueza Esta Dentro de ti ¡Ya Basta! Despierta

Compre este libro en línea visitando www.trafford.com
o por correo electrónico escribiendo a orders@trafford.com

La gran mayoría de los títulos de Trafford Publishing también están disponibles en las principales tiendas de libros en línea.

Impreso en Victoria, BC, Canadá.

ISBN: 978-1-4251-7992-2 (sc)

www.trafford.com
Para Norteamérica y el mundo entero
llamadas sin cargo: 1 888 232 4444 (USA & Canadá)
teléfono: 250 383 6864 ♦ fax: 812 355 4082

Contenido

Introducción   4
Agradecimientos   9
Un Poco de Mi   14
I. Primera Parte   18
Capítulo 1. *Lo primero es primero*   19
Capítulo 2. *Lo peor de todo*   26
Capítulo 3. *Nos detienen nuestras costumbres, creencias, y
enseñanzas*   33
Capítulo 4. *Las oportunidades llegan*   45
Capítulo 5. *De 0 en 0 Hasta el Millón*   62
Capítulo 6. *A Veces Pensamos que Hacemos Bien Cuando
Realmente Estamos Obrando Mal*   72
Capítulo 7. *Cambiando el agua de Nuestra Piscina*   76
Capítulo 8. Nuestro Peor Enemigo es Nuestro Mejor Amigo 82
Capítulo 9. *Mucho Cuidado Con Los Inversionistas Al Paso*
                                                                           88
Capítulo 10. *Hagamos Las Cosas Diferentes y Tendremos
Diferentes Resultados*   94
Capítulo 11. *Para Hacer Más Dinero, Tenemos que Conocer Mucho
Más Acerca Del Dinero y de Nosotros Mismos*   107
Capítulo 12. *La Verdad y el Dinero Son Socios*   113
Capítulo 13. *Existen los milagros tu también puedes hacer los tuyos
no dejes todo el trabajo a lo celestial*   119
Capítulo 14. *Despertando al León Dormido*   124
Capítulo 15. *Mis Diez Franqueamientos*   130
Capítulo 16. *La hora de Oro*   135
Capítulo 17. *Compromiso Final*   137
Capítulo 18. *Mi Gran Verdad Puede Ser tu Gran Mentira*   141
Capítulo 19. *Nada nos Puede Detener, Nada*   147
Capítulo 20. *Tu Puedes Si En Verdad Lo Quieres*   150
II. Segunda Parte   155

Introducción

Lo primero es primero y por eso empezaré este libro diciéndote a ti lector, que todo lo que aquí leerás es cien por ciento real, se trata de una experiencia vivida en carne y hueso por alguien que tal vez al igual que tú estaba en una situación tan desesperante por la incansable falta de todo. Falta de paz espiritual, de armonía con las cosas externas, de unión con la familia, y falta de tiempo a pesar de que trabajamos tanto. Lo más insólito de todo es que estamos siempre necesitados de dinero, ese bendito dinero que puede dar tantas cosas positivas y que no hemos sabido valorar por razones ajenas a nosotros. Son ideas que han sido impregnadas en nuestro ser en contra de nuestra voluntad. Sin embargo, las hemos aceptado de la manera más pacífica que pudiera existir y resignados a no hacer nada por cambiar esa situación, e incluso morir así, sin siquiera intentar, como lo han hecho muchos de nuestros familiares. Algunos de ellos ya no están entre nosotros, sería interminable la lista de mis ejemplos, incluyendo tíos, hermanos, padres, padrinos, etc.

El que nacieron y murieron pobres, eso no es lo que me alarma en realidad, no, para nada. Lo que sí encuentro más alarmante de todo es que a los que todavía tengo o estamos con vida, nos espera el mismo camino a la tumba; todo por no hacer algo y pronto. De esto se trata todo lo que a continuación te trasmitiré en este libro. Por que si tú no haces nada para cambiar esta situación, pues, sigue esperando al Chapulín Colorado, Rambo, Mi Bella Genio o a quien quieras para que te salve. Yo por mi parte no espero ni un minuto más. Es lo que me propuse hacer hace algunos años y de verdad estoy mucho mejor yo con mi gran mujer quien siempre me ha apoyado en todo. Espero inspirar a mis lectores y así darles la oportunidad a otros que también logren salir adelante, como lo estamos haciendo nosotros, y sé, que tú lector también puedes. Quien quita que a lo mejor aprendas a manejar el auto hacia la cima, y hasta te vea pasar en la carretera del éxito por que para allá vamos.

Una vez le platique de esta idea a un gran amigo, de nombre Cesar Aguilar. Él es un hondureño triunfador que después de pasar unos años trabajando en limpieza o "housekeeping", es uno de los encaminados a hacer mucho dinero. Sé que lo va lograr en un corto tiempo pues ya ha dejado de trabajar. Hoy se dedica a invertir su dinero y a buscar oportunidades. Que curioso, ¿No crees? Trabajaba en limpieza y él mismo cuenta que a veces no lo querían saludar de apretón de manos especialmente después de salir de los servicios higiénicos. Al hacer su respectivo trabajo, casi nadie le daba la mano y hoy muchos se la tienden para recibir el dinero por que aparte de todas sus inversiones, es prestamista de dinero. Que quede bien claro que no quiero menospreciar o poner por debajo a la gente que trabaja en la limpieza, ya que es sólo un ejemplo de ese amigo, y debes tomarlo como estimulo, al saber donde trabajaba y donde ha logrado estar hoy. Recuerda que siempre donde sea que trabajes y te ganas tu bendito dinero con honradez, y el sudor de tu frente, debes sentirte orgulloso y dar gracias a Dios por ese trabajo, ya que de ahí depende el alimento, vestimenta, salud, tuya y familiar.

Por eso de ofender, no te preocupes, que después de conocer un poco más mi historia, creo que entraremos en confianza y verás que no tengo ningún derecho de minimizar a nadie. Yo trabaje igual o aún peor, trabajé duro para llevarme un pan a la boca. También me siento orgulloso, por que de no ser así no hubiera llegado hasta este punto en mi vida. Volviendo a mi conversación con Cesar Aguilar, quien ha leído muchos libros, e incluso hemos intercambiado varias obras, y le preguntaba. ¿Porque todos los libros que leemos son de autores millonarios? Le platiqué que me había dado cuenta que nunca había leído un libro de una persona que recién empezaba su camino a la transformación financiera, al éxito, a la grandeza, o a la riqueza. Le pregunte cuál era la razón. Me contestó "por que nadie lo creería". Luego me dijo, "¿si yo fuera con mi auto viejo a vender casas vendería una?" Te aseguro me dijo, "que nadie me compraría nada." Claro que yo sabía, que tenía un auto viejo, de lejos parecía cafetera, y de cerca podría comprobar que realmente parecía una cafetera. Toda despostillada por el óxido, y las recalentadas que daba. Pero si él me ofrecía una casa en venta, y me dijera que es una buena oportunidad, claro que se la compro. Por que lo conocía y sabía el olfato que tenía para las oportunidades y aparte por que ya había aprendido también yo a olfatearlas y a no valorar a la gente por lo que ven mis ojos, sino por lo que dicta mi corazón, y mi mente confirma.

Ante su respuesta, yo pensé lo contrario. Pensé que si nadie lo había hecho, mejor aún para mí, ya que el campo estaba libre y quien mejor que yo para intentarlo, por que si no, me quedaría con la espina y nunca sabría el resultado de mi proyecto hasta que no lo vea hecho realidad y saber qué impacto tuvo. De verdad te digo a ti lector, que si no intentas algo ahora no lo intentarás mañana, si sigues pensando como pobre será bien pobre tu entierro. Quiero hacer contigo querido lector, todo lo que este a mi alcance para lograr cambiar la manera de pensar que tienes sobre el dinero. Si eres pobre aún como yo, pero con unas ganas inmensas de hacerte rico, este será el mejor camino que debemos tomar. Te ahorraré mucho tiempo y dinero que yo ya he invertido. Te será más fácil porque estamos los dos en este reto tú y yo. Si por el contrario eres rico o ya estas en una posición económica mucho mejor, sé que también leerás estas páginas por que los ricos en general no pierden su tiempo y leen todo cuanto puedan, pues a toda lectura le sacan el cien por ciento de provecho. ¿Por qué? Por que simplemente la gente rica no lee basura, es esa la gran diferencia. Están al día de cada libro nuevo para devorarlo y sacarle el máximo de provecho. Algo de provecho, no sé, quizás el diseño, una anécdota, la redacción, las fotos, en fin no sé, pero de algo de lo que sí estoy seguro, es que leen mucho y a todo lo que leen le sacan provecho.

Ya ven amigos cómo he aprendido algo. Mi enfoque en estas páginas es especialmente hacia ti que estas aún empezando el camino hacia el éxito financiero o no has hecho nada al respecto, pero te has dado cuenta que necesitas hacer algo y crees que nunca es tarde para empezar. Solo repite unas palabras conmigo y si dejas de verdad que penetren en el fondo de tu corazón y tu espíritu y estas dispuesto a cambiar, pues adelante. Si no es así, no pierdas tu tiempo y sigue como estas. De verdad te digo que después de decir estas palabras y sentir que de verdad entro la orden en tu ser, pues adelante sé que podrás lograr todo lo que te propongas en tu vida, sobre todo la riqueza, ¿estas listo? Pronúncialas desde el fondo de tu ser y si estas listo a aceptar estas palabras y sentirlas, entra en acción desde ahora leyendo lo que a continuación te brindo en este, mi primer esfuerzo por ayudarte a que salgas adelante. Repite la frase que me hizo cambiar a mí, que me impulsó a todo esto, dila, grítala fuerte, en tu cuarto, o en tu auto, con toda tu energía, o sal a caminar, lo que quieras pero a todo pulmón. Grítala y entra en acción y verás el cambio y los resultados.

- ¡YYAAAA BASSSTA!
- ¡YA BASTA DE TANTA MISERIA Y POBREZA!
- ¡YA BASTA DE TANTA INSEGURIDAD EN MÍ!
- ¡YA BASTA DE NO HACER NADA POR SALIR DE DONDE ESTOY, PENSANDO QUE ESTOY BIEN!
- ¡YA BASTA POR QUE LA REALIDAD ES QUE ESTOY MAL!
- ¡YA BASTA, ECONOMICAMENTE ESTOY MAL!
- ¡YA BASTA DE TANTAS DEUDAS Y FALTA DE DINERO!
- ¡YA BASTA DE PENSAR QUE TODO LO SÉ, CUANDO EN REALIDAD NO HE APRENDIDO NADA!
- ¡YA BASTA DE AYUDAR A MI FAMILIA CON LA PEQUEÑEZ QUE APORTO!
- ¡YA BASTA DE NO DAR EL CIEN POR CIEN DE MÍ!
- ¡YA BASTA DE TODO LO MALO EN MI VIDA, POR QUE AHORA VIENE TODO LO BUENO!
- ¡YA BASTA HASTA AQUI LLEGA TODO LO PEQUEÑO pues ahora espero recibir solo grandezas PARA MÍ!

DILO, NO TENGAS MIEDO,
DILO, NO TENGAS EXCUSAS,
GRITALO,
RECONOCE,
GRITA ¡"YA BASTA!".......

Agradecimientos

- A mi gran mujer, Mary por todo su apoyo y comprensión en este tiempo que le robe para poder hacer este sueño realidad.

- A mi padre Nicolás Vicente Rojas, por la mitad de mi creación a este mundo.

- A mi madre Aurora Pacheco Orbegozo por la otra mitad, y por ese gran amor que me enseño a compartir con los demás, sé que los dos están en brazos de nuestro gran Señor.

A mis hermanos por orden de edad:

- Antonio Falla Pacheco.
- Italo Falla Pacheco.
- Pedro Vicente Pacheco que en paz descanses, aun así gracias por ser mi segundo padre.
- Olsen Vicente Pacheco tu carácter fuerte con nosotros me sirvió gracias.
- Durvin Vicente Pacheco, tu manera pausada para responder me enseño mucho a pensar.
- Nicolás Vicente Pacheco más que un hermano, eres un maestro para mí.
- Malber Vicente Pacheco, sabiendo como eres, que más publicista podría necesitar.

- Ebuelies Vicente Pacheco nunca es tarde para cambiar, cuando en verdad lo queremos.
- Jolverzon Vicente Pacheco, contigo aprendí a no quitar pero tanpoco a pedir.
- Farly Vicente Pacheco nuestros errores son nuestra gran escuela.
- Ingler Vicente Pacheco. Por ser la chiquita eres la más linda del mundo.
- Y a mi primo Jorge Vicente Collazos, por lo mucho que nos queremos es aquí donde deberías estar desde el fondo de mi corazón mil gracias a Dios.
- A la vida y a la madre naturaleza por haberme dejado aterrizar en ese mismo hogar de todos ustedes, los amo.

Seria necesario otro libro para dar gracias a tantos amigos, que en el transcurso de mi vida me han enseñado algo. Aun así es mejor dar gracias a algunos que no dársela a nadie, de los que me pude olvidar y no ponerlos aquí, solo les pido su entendimiento para conmigo, en el fondo si sientes que eres mi amigo sabes que soy tu amigo. Basta con que llevemos nuestros nombres en nuestros corazones.

- A mis sobrinos Jennifer, Nicolay, Durvincita, Frankito y Austin
- A la familia Harris, Russell Durvin, Rossela y Chistopher
- A la familia Vicente Clement al tío Juan y tia Estela, Vilma, Pacho, Rocío, Mirian, Liliana, Guísela, Percy.
- A la familia Vicente Freyre (sobrinos)
- A la familia Vicente Vallejos, Violeta, mis sobrinos Katherine y Bryant
- A la familia Paniccia, al tío Armando, tía Martha, Jaime, Maritza, Martha, Leonardo, Daniel, Luis, Johana, Armando y María,
- A Aurorita Manrique la pigotta, también al robusto Jarlito.
- A la familia, Castillo Colotta, Ida Carlos y la señora Yolanda   Perú.
- La familia Santoyo, Don Roberto, Sra. Silvia, Alberto, Paco, y su hermana menor   México.

- La familia Alartista, Carlos Denis, y sus hermosos hijos, Alex, Diana, Tisha   USA
- La familia Claus, Nilton, Andrea y el gran Giovanni

  Brasil
- La familia de " Morena" y Bairon   Guatemala y

  El Salvador
- La familia Julca, Diana, Walter, Andrea y Silvana   Perú
- La familia Castañeda mi amigo Oscar padres, hermanos, esposa e hijos en general   Perú
- Para alguien especial: mi prima Rosa Pacheco   Perú
- Para mi tía Zoila Pacheco   Perú

Para mis Amigos:

Mauricio Martinez	Argentina
Silvio	Argentina
Armando Vásquez	México
Kenia Ramirez Chan	Chile
Walter Orellana	Chile
Gustavo Paucar	Perú
Cesar Melgar	Perú
Enrique Benza	Perú
Jheny Echevarria	Honduras
Rosemary Rivera	Perú
Edgar Robles Chega	Perú
Raúl Marsenaro	Uruguay
Alfonso Pissani	Italia
Diego Palomino	Colombia
Rafael "El Mecánico"	México
Iván Velásquez	Venezuela
Roberto Almeida	México
Ernesto Duran	El Salvador
Rafael Ramírez	Perú
Cesar Aguilar	Honduras
Víctor Galindo	México
Gustavo Herrera	Perú

- Phillips   Perú
- Marcos Cárdenas   Perú
- Carlos Carmen   Perú
- Ricardo Espinoza   Chile
- Don Luis Argueta   Guatemala
- Yolanda Argueta   Guatemala
- José Espinoza   Honduras
- Alan Ence   USA.
- José Salgado   Perú
- Luis Rivera   Perú
- Chrisanto Robles   USA.
- Juan Carlos Almonacid   Perú

Un saludo muy especial para los pioneros de la radio y la telecomunicación en español de todo el estado de Utah, por el hecho de ser los primeros, años atrás y aun mantenerse es un gran logro, los admiro:

Mario Vásquez	México
Enrique Corona "El Pantera"	México
Kiko Cornejo	Chile
Ligia Ceceña	Guatemala
Jovanna Martínez	Chile

Y a mi gran amigo y Profesional locutor de deportes don Luis Rivas del Salvador, y a Nelson Moran.

Un agradecimiento bien especial:

Creo yo que Dios y el universo, son los mejores o perfectos abastecedores y distribuidores para todo ser humano.

Todo lo que pidas y desees conciente o subconscientemente, así exactamente te será concedido. Si eres hombre de empresa justo y leal, pues en tu camino solo te encontraras con más gente casi igual que tus mismos ideales. Por esa misma razón, pienso que nacen las grandes sociedades (socios de negocios). Empresarios e inversionistas. De igual manera, si estas buscando cosas malas y fuera de todo parámetro legal, se interpondrán en tu camino gentes con las mismas intenciones. Motivo por lo cual existe tanta delincuencia organizada.

Pese a mi falta de estudios y mi poco conocimiento gramatical u ortográfico, después de tanto pedir y suplicar que se interponga en mi camino alguien en quien confiar para poder explicarle y pedirle que me ayude a hacer este sueño realidad, de escribir este libro, con tantas fallas ortográficas, que de seguro existían, después de tanto pedir y buscar, creo yo que Dios el universo y mi yo interior me pusieron al frente a la Señora Sonia Pineda y su equipo de trabajo en mi camino. Por eso quiero agradecer infinitamente a la gente de la Librería Voz Latina de Utah muy en especial a la señora Sonia por su confianza y gran paciencia para conmigo. Con usted se me fue el miedo, la vergüenza y el "que dirán" con tal de lograr este sueño. Este, mi primer reto literario se ha hecho realidad pese a tantas adversidades. Estoy seguro que de no haberse cruzado en mi camino tal vez en estos precisos momentos seguiría buscando a alguien a quien confiarle todo esto escrito para que me ayude a que otra gente lo lea también.

Mil gracias a Dios, al universo, la vida y a mi interior por todo lo bueno que me han dado.

Un Poco De Mí

No me gusta hablar mucho del pasado, pero es necesario para que me conozcan un poco más. Fui criado en un hogar que por lo general siempre faltó casi todo. Lo que abundaba siempre era la necesidad, y una de esas necesidades fue siempre el dinero. Porque con dinero, simplemente se hubieran cubierto muchas cosas, como el hambre, la salud y sobre todo el bienestar, y la alegría de que no te falte nada. Pero bueno no fue así, tampoco quiero que piensen que tengo algún rencor o desprecio para con mis padres por haber creado esa situación para la familia, al contrario, les doy gracias porque de no ser por ellos hoy no estuviera aquí. Aunque lamentablemente no están hoy en este mundo, sé que recibiré sus bendiciones desde donde quiera que se encuentren. De todas maneras, les doy gracias por todo el bien que me enseñaron, el amor que me brindaron, lo mucho que se preocuparon e hicieron por mí.

Soy uno de los menores de doce hermanos en mi familia, el penúltimo para ser más exacto. Imagínense, doce, un equipo completo de fútbol, y el árbitro a nuestro favor. Que más se le puede pedir a la vida. Somos nueve hombres y tres mujeres, una familia grande en verdad, por lo tanto, por eso me imagino que había más problemas que en otros hogares vecinos. Éramos una familia pobre, a mis familiares aun les cuesta aceptar esta realidad. Hoy que he aprendido, los entiendo, pues debe sentirse feo que alguien del mismo sindicato les diga que estamos en la ruina. Hemos vivido siempre en la ruina, y de no hacer algo, moriremos todos en la ruina. Entiendo que deben ser fuertes estas afirmaciones. Pero es la verdad, acepten o no tengo que decirlas. Pues esto no quita el aprecio y el gran cariño que siento por cada uno de ellos, con sus defectos y virtudes. Saben que los amo y los quiero con todo mi corazón, de no ser así ya me hubiera cambiado el apellido desde los 18 años. Mi padre falleció cuando yo era niño, quizás entre los 7 o 8 años. Tengo muy pocos recuerdos de él. Mi madre murió hace algunos años, pero no pude estar a su lado en el último adiós. Sé que ella me entendió.

Al fallecer mi padre, dejó como herencia la casa dónde vivíamos. Era una casa de tres pisos pero no tan grande como se imaginan, era pequeña, pero de tres pisos. Mi padre la heredó de mi abuelo. Hoy en día pelean por esa casita todos los hermanos, que si se vende, que si se reparte, que si se renta y ahora es más grande el problema, pues los hijos de mis hermanos ya están luchando también, e incluso ya invadieron la casa, y están viviendo allí.

Te hablo de esto en esta página por que quiero demostrarte que si yo tuviera el mismo pensamiento que dos de mis hermanos que están locos por vender la casa hoy mismo, estuviera yo metido en esa revuelta con mis piedras, palos, machetes, y en fin, cualquier arma, con tal de ganar mi espacio en esa casa. Mi pensamiento no es ese. Claro esta que uno es libre de criar a sus hijos como les plazca. De verdad le pido a Dios que me siga iluminando y si algún día me manda un hijo, me dé las fuerzas y la vitalidad para enseñarle a mi hijo a ganarse las cosas y no luchar por algo que no le pertenece, no le costo, ni tampoco lo cuido. La realidad es así como este ejemplo. El que nada tiene, le enseña a sus hijos a que luchen por algo que no les costo. Esto me hace recordar las invasiones de terreno que se veían antes en diferentes países, donde el gobierno desalojaba a la gente con gases lacrimogenos, caballos... etc.

Yo por mi parte, no quisiera estar en esa posición y tampoco estoy en contra de ellos pues cada uno tiene su manera de pensar, y la elección de hacer con su vida lo que le plazca. Respeto su manera de pensar, aún así, son mi familia y los amo mucho. Cómo te repito, solo te pongo este ejemplo de principio y como parte de mi vida, por que fue la razón de esa palabra que me dio fuerza para cambiarle el rumbo que estaba tomando, y decir esa gran frase "¡YA BASTA!" "Tengo que luchar y trabajar por lo mío, de lo contrario yo y mi descendencia acabaremos igual".

Si te das cuenta, en esta introducción sobre mi vida, hay algo en común, un patrón que se repite por tres generaciones. Mi madre también luchó por esa casa con mis tíos, los hermanos de mi padre, y ahora sus hijos. Nosotros todavía no hemos muerto, y aunque no vivimos allí, ya casi no nos pertenece. Me preguntó: ¿fue ignorancia, falta de juicio, falta de conocimiento, dejadez o que? Igual que esta pequeña casa mal recibida como herencia, hemos recibido y heredado también malos hábitos y consejos que fueron depositados por generaciones en nosotros sin darnos cuenta. Sobre todo acerca del dinero y la riqueza. Tal vez por eso debemos despertar ahora, si, ahora mismo, y decirnos, "si, tienes razón, algo anda mal, ¡ya basta!". ¿Porqué otros triunfan y yo no? ¿Por qué otros se hacen ricos y yo no?

No soy una persona de muchos estudios y mucho menos de títulos universitarios. De hecho ni mi secundaria, o bachillerato termine, y te aclaro de una vez, que tuve que recurrir a grandes profesionales para corregir tantas faltas de ortografía y desordenes literarios, que se presentaron en este proyecto, pero de una cosa siempre estuve seguro, que eso no seria un impedimento para dejar de hacer que este sueño sea una realidad. Trataré en casi todo este libro lector, de ayudarte a sacar de raíz esos perjuicios que al igual que tú, yo los llevaba 24 horas al día 7 días a la semana 365 días al año.

Como dije anterlormente, soy una persona por cuestiones de la vida, sin grandes estudios. Por eso te expresare este libro de la manera más sencilla y real que puedas imaginar, sin palabras difíciles de pronunciar y mucho menos de recordar, como me sucedía a mí muchas veces. Al leer, había frases y palabras de hombres millonarios y más estudiados que yo, que francamente era difícil de recordar, aún mas su significado. Aquí en este libro, me expresaré tal como soy y con las palabras normales tan comunes y cotidianas como las que usamos a diario tanto tú como yo. De esta manera, nos sentiremos mas en confianza, por que te imaginaras que estas hablando con un amigo del barrio, un compañero de trabajo, un compañero de ideas y proyectos con tal de salir adelante económicamente. Antes de cerrar esta introducción de mi persona, quiero decirte algo que aprendí en los libros y seminarios que tuve la oportunidad de leer y asistir.

Aprendí que para decidir cambiar tu vida y llegar a ser millonario, o cualquier reto en tu vida, no hace falta tener grandes estudios, sólo hace falta que te decidas y entres en acción. Pero recuerda, debes estar seguro de decir las palabras mágicas si lo deseas de corazón. Yo las dije y las sigo diciendo y no me canso de decir, "¡ya basta!".

Primera Parte

Lo Primero es Primero

Capítulo 1

Bien, ya estamos decididos a reconocer que ya es suficiente, ya no más, ya hasta de tanta miseria y falta de todo. Por el contrario, a partir de este momento juro que seré otro, y daré todo lo que este a mi alcance por darle abundancia a los míos, a mi alma, a mi espíritu, a mi cuerpo, a mi familia, a mi interior. Yo ya me pregunté y te preguntó ahora a tí estimado lector ¿qué té falta? Lo primero es lo primero, recuerda eso y lo que té falta, pregúntate:

1- ¿Té falta dinero?
2- ¿Té falta amor?
3- ¿Té falta salud?
4- ¿Té falta tiempo?
5- ¿Té falta paz interna?
6- ¿Te faltan unas buenas vacaciones?
7- ¿Té falta poder ayudar más a tu familia?
8- ¿Té falta seguridad por no saber que pasará mañana en él trabajo?
9- ¿Té falta terminar algo que hayas querido realizar?
10- ¿Té falta pagar a alguien que algún día té presto y aún no le has devuelto el dinero?
11- ¿Té falta dejar algo que no te gusta y sabes que te hace daño?
12- ¿Té falta pedirle perdón a alguien que quieres pero aún no lo haz hecho?
13- ¿Té falta solo un poco mas de oportunidades para salir adelante?
14 -¿Té falta un poco más para asegurar tu futuro y el de tu familia?
15- ¿Té falta un poco mas de claridad y entendimiento para poder triunfar en la vida?

16- ¿Té falta solo un poco mas de enfoque y esfuerzo para lograr lo que quieres?

17- ¿Té falta que solo alguien té de un empujoncito y listo te vas para adelante?

18- ¿Té falta solo un poquito mas de suerte y listo lo lograrás todo?

Cómo sinónimo de que si te faltan ¿a cuantas de estas 18 preguntas pudiste tachar con una "x?" Te cuento que yo, cuando decidí cambiar mi vida, hice este análisis y las enumere igual como te las presento hoy en este libro, lamentablemente y lo más triste de todo era que tuve que ponerle una "x" a todas, por que carecía de todo. Eso nadie me lo enseñó, ni nadie me puso esta lista en ningún lado, tuve que preguntármelas yo mismo y termine diciendo "¡ya basta!". Empecé a trabajar en cada una de las cosas que no había realizado por que no les había tomado importancia. Me dije, "si no lo hago ahora nunca lo haré".

Igual que yo, mucha gente la cual conozco y estaba a mí alrededor también estaba experimentando lo mismo. Claro, nadie lo reconocía por que simplemente nadie quiere enfrentar la realidad, pues a veces es tan dura y cruel que es mejor hacernos los locos, o los distraídos, pues disfrazamos nuestro temor cuestionándonos la realidad y auto-respondiéndonos b que queremos escuchar. "No que va, estoy bien, no me falta nada", con esas pequeñas frases, listo, enmudecimos a nuestro interior que grita a todo pulmón, "¡ya basta!". Deja de mentirte estamos mal reconócelo ya, estamos muy mal. Nos falta todo, al igual que tú, mi yo interior no lo puede escuchar nadie, pero ahora lo escuchas tú.

Otra vez apagas ese interior como toda gente común lo hace respondiéndole, "no, si estamos bien," y a veces hay personas que enmudecen al interior rápidamente antes de que grite a todo pulmón una vez más. Esta vez tienes miedo, que tal vez grite tan fuerte, que la persona que tienes al frente, pueda escuchar tan solo el eco de ese interior tuyo y este tan enfurecido que te diría "tonto, como vamos a estar bien, si no haces nada por estar mejor". Entonces automáticamente le mandas un mensaje celestial, que tu mismo ya lo tienes bajo la manga por si este rebelde interior se quiere sobrepasar y ponerte en ridículo. Antes de seguir corriendo el riesgo, se lo disparas para que él que este al frente tuyo, se vuelva sordo a cualquier riesgo que puedas correr.

¿Cuál es esa carta bajo la manga? "Estoy bien, GRACIAS A DIOS". Fíjate en la respuesta; "estoy bien gracias a Dios". Listo con esas frases, sepultaste al menos por un buen rato, a ese guerrero incansable que llevas dentro y solo quiere ayudarte.

Ahora que mencionamos a Dios, repasa las 18 preguntas, y luego te darás cuenta que casi todas después de la número dos, derivan del dinero. Hay que aprender algo que es real queramos o no, es que el dinero puede suplir muchas necesidades. Mientras no aceptemos eso, jamás cambiaremos nuestra forma de pensar y seguiremos donde estamos. Hay que empezar dándole su respectivo valor al dinero como se lo merece, y veras el cambio. Eso lo trataremos mas adelante.

Mi pregunta que hago referente a Dios, es la siguiente. ¿Sabes cuantas variedades de peces puso Dios en el mar y que cantidad de peces habitan hoy mismo en el mar? Pues yo no lo sé y creo que será imposible hacer un censo o un conteo de todos los peces que habitan ahora en el océano. Pero de una cosa estoy seguro, sé que son millones y millones de peces.

A otra pregunta similar alguien me podría decir, ¿cuantas variedades de plantas, árboles y toda clase de vegetación que existen hoy en este planeta, nos puso DIOS? Igual, creo que ni Tarzán con la ayuda de Chita podrían contar todas y cada unas de las plantas y los árboles que existen hoy. Pero de una cosa estoy completamente seguro, que Dios creó y nos puso millones y millones de árboles y plantas por todo el mundo. Así tendría miles de preguntas acerca de toda la creación de Dios y te darás cuenta que nos puso todo en abundancia. El agua, la luz, los alimentos, la libertad. Si todo nos lo dio en abundancia no te has preguntado nunca; ¿y yo por qué tan pobre? Yo si me lo pregunté, y te voy a revelar lo que descubrí. Fue muy sencillo, descubrí que Dios me puso todo en abundancia y fui yo quien no quiso disfrutar de esa abundancia, por ignorancia, y creencias ajenas a mí que me las trasmitieron sin yo ni siquiera sospechar, y que moriré con ellas si no logro de una vez por todas desaparecerlas de mi interior.

Tu vida y mi vida están grabadas como en un casette, un CD o un DVD. Ahora mismo solo cierra tus ojos y aprieta el botón de "play" del DVD de tu vida. Mírate, ¿te gusta donde estas? Ahora oprime el botón de retroceder. Mira, ¿te gustó toda esa pobreza que pasaste? Pero eso no es lo peor, ahora oprime el botón de adelantar. Mírate, si no haces algo por cambiar la película de tu vida, acabaras igual que hasta ahora, o peor aún. ¿Es verdad o no? Nadie podrá actuar mejor en esa película que tú mismo. Si no empiezas a cambiar desde ahora mismo, acabarás en el mismo lugar donde estas hoy. ¡Yo lo visualicé y de verdad no quería acabar como me vi en mí película! ¡Si de verdad quieres cambiar la película de tu vida, pues adelante, hagámoslo! Nadie puede hacer algo por nosotros más que nosotros mismos.

Te demostrare a ti lector que de verdad estamos en un gran error. También que nadie nos ha corregido por que nuestro alrededor, nuestras familias, nuestras amistades, todos en conjunto con nuestro entorno, estamos iguales, por lo tanto vivimos en un mundo parejo para todos nosotros. Nadie tiene de que quejarse, y lo más trágico de esta situación es que tampoco nadie tiene derecho a querer o tratar de superar esa pobreza. Si lo intentas, al instante todos te bombardearan con gases negativos. "¿Cómo? estas loco(a), ¿cómo crees que vas a poder llegar a ser millonario"? Con estos gases negativos te meten cosas negativas en la cabeza. La más común es "¿y para qué? Si así estoy bien". Y por último lo más chistoso es que te dicen "no pierdas tú tiempo" "imagínate", "despierta". Quiero que te des cuenta lector de todas esas tonterías que te dice él que esta en la misma situación económica que tú, cuando la realidad es al revés. Deberían decirnos "que bien que te das cuenta, ya es hora de que no pierdas mas tu tiempo y hagas algo por salir de donde estas," Esas respuestas de seguro jamás la encontraras de la gente que esta igual, o peor que tu económicamente.

Por el contrario, la gente de dinero, te alentará y te dará toda su aceptación a cada intento que tú hagas por cambiar tu situación. Te voy a trasmitir lector a lo largo de este libro cosas muy importantes que las ignoraba y ahora las aprendí a través de tanta investigación, lectura y una serie de experiencias vividas, tanto de mis amistades como de mis familiares, y también en mi mismo.

Creo que así te serán más fáciles de corregir todos esos errores, para que de una vez por todas podamos tomar otro rumbo en nuestras vidas. Mas adelante te recomendare algunos libros que leí que serán tus armas para despertar ese león hambriento que llevas dentro, ese león hambriento por devorar todo lo que sea necesario con tal de satisfacer su hambre de conocimiento, abundancia y riquezas.

Mira hasta donde has llegado hasta este momento tú solo, actuando de la manera que estas actuando. Si quieres saber si financieramente te va bien o mal, el saberlo es fácil. Haz un inventario de todo lo que tienes en propiedades, inversiones, dinero en el banco, tiempo para viajar y disfrutar. Yo lo hice y ¿sabes que? No necesité ni una pluma, pues no tenía nada, nada de nada. Sin embargo trabajamos duro yo y mi señora todos los días por años, ganábamos muy bien. Esa fue nuestra rutina, trabajar mucho para tener poco o casi nada. Entonces me pregunte y pregúntate tu también, ¿Qué paso? ¿Qué esta mal? Si eres solo o si tienes tu familia, tienen que preguntarse ambos. "Mira cholo", "mira negro", "mira amor" como quiera que se llamen cariñosamente entre ustedes, pregúntenselo y sean sinceros ¿Qué paso? ¿Qué esta mal? ¿Si seguimos así a donde llegaremos? Yo les puedo asegurar que a ningún lado.

La respuesta es obvia por que si no aprendes de los que ya han logrado riquezas, no avanzarás, así es de sencillo. De los que tenemos alrededor casi el 80 por ciento no tiene ni donde caerse muerto. ¿Qué vas aprender de esa gente? Por el contrario, te repito que no te dejaran hacer nada, por que piensan que tú tampoco tienes derecho a salir adelante. Entonces ya basta de todo eso que hacemos. Hay que seguir y aprender de los que ya saben, de los que ya llegaron a las riquezas. Pregúntate por ejemplo, ¿irías a arreglar tu auto con un dentista? ¿Llamarías al plomero para que te pinte tu casa? O imagínate, ¿llamarías al jardinero para que te haga la carpintería de tu casa? ¿Suena ilógico no? Peor que eso, realmente suena estúpido. ¿Buscarías las personas especializadas en su oficio sí o no? ¿Y por qué? Pregúntate, cuando se trata de lograr riquezas, buscar un futuro financiero mejor que el de hoy no lo hacemos por medio de los que están especializados en ese aspecto? ¿Por qué no aprendemos y tratamos de aprender de todos lo que están mejor e incluso hasta de la gente millonaria? ¿Sabes por qué no lo hacia yo?

Porque mi temor era tan grande que yo, un sábelo todo fuera a darse cuenta que todo lo que pensaba y sabía acerca del dinero estaba mal.

Hoy, seguimos trabajando duro pero ahora es diferente por que trabajamos con una meta en mente. Vivimos, todavía pobremente. Imagínate, me compre esta computadora de remate en 200 dólares para poder empezar este libro, vivo en una trailer o casa movible pero ya es de nosotros. Nos costo $6,000 dólares, pero gracias a lo que aprendimos acerca del dinero, nuestra vida cambio, nuestra situación financiera mejora, y nuestras metas y objetivos son bien claros. Te invito a que te subas a este crucero porque estamos empezando el viaje y sé que te va gustar una vez que te embarques y disfrutes este viaje junto con nosotros. Date cuenta lector, estamos empezando, no hay nada que perder pero si mucho que ganar. El instrumento más poderoso que tienes para cambiar tu vida eres tú. No importa donde estés, donde vivas, si trabajas o no, si eres chino, o hispano, si estas privado de tu libertad, o eres libre, si tienes mucho, o si no tienes nada, da igual. No puedo ser mas claro contigo, no interesa más que tú te decidas y digas "¡ya basta!", empezaré desde ahora hoy mismo", si dejas todo para el mañana, llegaras al camino del nunca como yo me di cuenta.

Todo lo que pensaba acerca del dinero y la riqueza estaba mal. Simplemente tuve que investigar y aprender de la gente que esta mucho, pero mucho mejor que yo. ¿Sabes lector cual fue mi primer resultado? Este libro, pues todos los libros que leí me decían "si quieres hacer algo hazlo ya" pues aquí estoy, si me guiara por lo que me decían las amistades, de seguro jamás hubiera escrito ni una sola línea. Recuerdo que antes hubo días que hasta no teníamos ni que comer, todo el dinero que entraba ni siquiera alcanzaba para cubrir nuestros gastos básicos como la electricidad, agua, y gas. Menos nos quedaba para pagar nuestras deudas. Debía a todo el mundo y solo me llegaban cobros y más cobros. Créeme, de verdad el 80 por ciento de nuestro correo era solo boletos de cobranzas, el 90 por ciento de nuestras llamadas telefónicas, eran solo recordatorios de pagos, y lo más doloroso de esto es que del 90 al 95 por ciento de nuestros sueldos juntos era solo para cubrir estas deudas. ¿Imagínate, cuando iríamos a salir de ese círculo si no hubiéramos aprendido algo mejor? ¡Nunca, así de simple, jamás!

Gracias a Dios que hoy es muy diferente. En menos de seis meses estamos logrando pagar ya casi todas nuestras deudas. A la misma vez, tenemos un buen dinero ahorrado. En tan corto tiempo, hasta el día de hoy tenemos más dólares de lo que no ahorramos en muchos años. El 80 por ciento de nuestras deudas saldadas y la paz de reducir todo ese correo y las llamadas a casi un 5 por ciento ¡dime si no es fabuloso esto! Lo increíble es que este mismo proceso tú lo puedes aplicar y veras la diferencia.

Es aquí donde te tengo que aclarar por que no puedo hacer a nadie menos que yo, como lo comente en el inicio de este libro acerca de los que trabajaban en la limpieza. La realidad es que tal vez muchos de esos trabajadores estaban mejores económicamente que nosotros. Más adelante les compartiré algunos aspectos de todos los trabajos que he realizado con tal de ganar mi dinero y de los cuales me ciento orgulloso de haberlos realizado. Ahora, otra cosa es que yo no sabía administrar mi dinero ganado y además no sabía valorizarlo. Así que ya entrando un poquito mas en confianza, te darás cuenta que si nosotros lo estamos logrando tú también lo puedes lograr, Ya basta, de hacer lo que hacemos normalmente por que eso nos ha traído hasta donde estamos ahora exactamente. Ya es hora del cambio y para eso tenemos que aprender. Y aquí aprenderás por que recuerda yo también recién me he embarcado en este "Tour" y la próxima parada esta muy cerca de donde tú te encuentras, así que no esperes más ¡ya basta! Prepara tu equipaje y listo para abordar.

> No hay un mejor mañana, como un "debo empezar hoy".

Lo Peor De Todo

Capítulo 2

        ¿Sabes cuál es el peor error que cometemos cada vez que iniciamos un proyecto para realizar cualquier inversión o negocio donde existe la posibilidad de ganar dinero? Lo peor que hacemos es consultarlo con la familia, o con los amigos más cercanos, los cuales están económicamente iguales o peor que nosotros mismos. De los miles de proyectos en los cuales me embarqué y consulté con ellos, jamás me dieron una respuesta positiva de "inténtalo, a ver que pasa", siempre eran las mismas respuestas sacadas de la misma real academia de la escuela del fracaso "estas loco", "no creo que resulte", dejaron chiquito a Walter Mercado, Nostradamus o a cualquier otro vidente con sus predicciones, pues estos sabían el pasado, presente y futuro de ese proyecto. Si tan solo de esos tantos proyectos unos cuantos hubiera consultado ha alguien que en verdad tuviera el conocimiento, hoy me doy cuenta que al menos tuviera mas experiencia que antes si tan solo lo hubiera intentado. Ahora te pregunto a ti lector, ¿fue error de ellos o mío?

        La culpa fue mía y solo mía por consultar a quien no debía. No sé si te habrás dado cuenta de esta gran verdad, el pobre piensa que ya lo sabe todo, a mí me ha pasado cuando hablas de accidentes, ya lo saben todo. Te hablan de artículos, encisos, códigos, y de justicia penales. Lo más chistoso de todo esto es que no son abogados. Por otro lado, cuando hablas del trabajo, sobre algún percance, sacan las leyes laborales, la comisión de no sé qué, y la cámara de comercio de no sé de donde. Lo más chistoso de todo es que algunos ni siquiera están trabajando. Pero eso no es todo, cuando hablas de inversiones, o de negocios, rápidamente te sacan el as bajo la manga, te hablan de inversiones, la bolsa de valores y hasta de los porcentajes de las cuentas corrientes y de ahorros que los bancos pagan y lo más chistoso es que no tienen ni un centavo ahorrado, ¿curioso no?

Vamos a perdonar a todos ellos por que de repente, en algún momento nosotros estuvimos en esa posición. Solo date cuenta ¿qué feo no? Ya sabes todo y sin embargo no tienes nada. Estoy seguro que a partir de ahora todo será diferente para nosotros, solo trata de no opinar donde no es tu campo. Despúes de este aprendizaje sabrás que tu campo será el dinero y allí si discútele a cualquiera por que sé que aprenderás mucho aquí y después de leer los libros que te recomendaré tu mente se agrandará respecto al dinero. Entiéndeme algo que te voy a decir desde el fondo de mi corazón. Yo no soy un agente financiero que te va a recomendar dónde pongas un dólar para que se convierta en millones, pero sí soy tu amigo, que te va a recomendar dónde poner tus pensamientos para que se conviertan en dólares. Esto está claro entre tú y yo, recuerda, aún soy pobre pero esa palabra la tengo que cambiar por "soy rico".

Para poder crecer económica, espiritual o moralmente, te voy a recomendar los pasos que dieron un giro de 90 grados en mi vida. Abre tu mente amigo o amiga, trata de no seguir al que viene detrás de ti en cualquier competencia. Por el contrario, multiplica tus esfuerzos y trata de seguir los pasos del que va adelante de ti en cualquier maratón. Si lo pasas, que bien, y si no, por lo menos sentirás la sensación de que ya casi pudiste lograr el primer lugar. Esto te dará las fuerzas para que en la próxima competencia te prepares mejor. Así de igual es la vida, la diferencia es que la vida no decide por ti, si no tú decides la vida que quieres tener o llevar.

Es necesario saber y entender que la vida está llena de dualidades, o para que nos entendamos mejor, todo viene en dos, o en pareja, desde el momento de nacer. Desde antes que naciéramos siempre hemos tenido dos opciones de nacer en un matrimonio formado o fuera del matrimonio, por un desliz de nuestro padre o madre ¿sí o no? Bueno, al momento de ser concebidos teníamos dos opciones, el de ser varón o ser mujer. Al momento de nacer teníamos dos opciones nacer vivos o nacer muertos, de nacer en un hospital o de nacer en cualquier otro lugar. Hay muchos más ejemplos, nacer de día o nacer de noche, nacer sano o nacer enfermos. Naceríamos para traer alegrías o para traer problemas a nuestros padres. Ese tema casi nadie lo toca por ningún lado, pero yo sí, pues queramos o no es la verdad. O nos fabrican en un hotel de paso o nos fabrican en el hogar. Llámense hotel de paso a cualquier motel, hotel, hostal, cuarto de renta, jardín, auto, avión, tienda, cine etc., etc., donde quiera que pudiéramos haber sido concebidos fuera de la casa. Ya una vez que nacemos, nos reconocen y nos dan sus apellidos o nos regalan, venden o nos dejan abandonados. Como te das cuenta, desde el momento de nacer y tal vez desde antes de nacer siempre se nos presentan dos opciones. Mira, hasta ese punto Dios, la naturaleza y el destino ya hicieron su parte, luego nos toca a nosotros, y también seguimos teniendo dos opciones. Ser buen hijo, o mal hijo, ser buen padre o mal padre, ser gordo o ser flaco, ser buen o mal estudiante..., etc. A todo esto también ponle él "ser rico" o "ser pobre". ¿A quien crees que le corresponde esta decisión?...Vivimos lamentándonos ¿Por qué seré tan pobre? ¿Por qué no estudie? ¿Por qué no nací en un hogar de ricos?, Y así una serie de lamentaciones y quejas y más quejas.

Ya basta de tantos lamentos, si empiezas a actuar desde ahora como si fueras rico ya, de seguro que podrás cambiar todo lo que esté a tu alrededor. Todo, aunque sea difícil de creer, cuando empiezas el cambio se te abren más puertas, las oportunidades son las que te buscan a ti, y sobre todo el dinero se siente más seguro en tu poder. ¿Sabes por qué? Simplemente por que ya sabe el dinero el valor que tú le das, el aprecio que sientes por él y en lo bien que sabes hacerlo trabajar. Analiza esto, si tú trataras a golpes a tu pareja, la haces pasar hambre muchas veces, jamás le dices un "te quiero", jamás le compras un abrigo, le exiges hacer el triple de lo que humanamente pudiera hacer, jamás le dices un "gracias mi amor". Con todo esto, ¿tú crees que tu pareja se sentiría bien de estar a tu lado? Es lógico que no ¿verdad?

De la misma manera, el dinero no se siente bien en nuestras manos cuando no lo sabemos valorar, siente que en tus manos se quema, o de lo contrario, se congela y ¿qué es lo que hace? Se escapa, se va. Aprenderemos desde ahora que si tú y yo no tenemos una buena relación con el dinero, el dinero también jamás tendrá una buena relación con nosotros. Por lo tanto, la riqueza no estará de nuestro lado, y mientras otros cada día enriquecen, nosotros por el contrario iremos empobreciendo. Si lo aprendemos ha apreciar, poco a poco, nuestra economía irá mejorando, créemelo.

Mi pasión fue el fútbol y siempre soñaba con tener un club de fútbol. No me importaba que no fuese profesional, solo quería tenerlo y desde muy joven recuerdo que desde mi barrio ya me había iniciado en eso, con un pequeño equipo "el gran toribio' club de fútbol. Tendría yo entonces 14 años. Este equipo duró cuatro años, recuerdo a mis grandes amigos casi hermanos, los mejores jugadores de mi vecindad en el fútbol amateur quienes sin su apoyo jamás hubiéramos logrado tantos títulos como campeones. Éramos invencibles, nadie nos podía ganar, incluso otros clubes con jugadores mayores que nosotros entre los 20 a 30 años eran muchos de nuestros rivales. Yo era jugador y dirigente a la vez. Claro no era tan mal jugador pero al lado de estos talentosos hermanos era fácil ganar a cualquier rival del área. Me hacían ver y sentir como si yo también fuese un gran futbolista que a veces hasta yo mismo me la creía. Por eso les agradezco a mis grandes amigos, los hermanos Solano, a Dante, a Carlos, al diminuto, Yogui y a mi amistad mas sincera de mi juventud el gran Lupi, sin ellos jamás hubiera logrado tantos trofeos.

Cuando emigré a los Estados Unidos mi pasión continuó. por eso nació el Utah Mix Soccer Club, el equipo más grande de todo el estado de Utah y no por que lo diga yo, sino por que los trofeos así lo demuestran. Éramos el único equipo hispano participando en la liga americana más competitiva de todo el estado, en la división mas alta, la liga premier de la Utah soccer asociación. Fue allí que nos iniciamos desde la tercera división, luego pasamos a segunda, después a primera, para luego introducirnos en la liga premier que es la división más alta en la liga amateur americana del estado de Utah. Claro que vimos otros equipos hispanos en las divisiones inferiores, pero por arte de magia iban desapareciendo pues la competencia aparte de ser dura era demasiada cara. Logramos tantos títulos que incluso salíamos de viaje a diferentes estados representando al nuestro. Que lindo de verdad por que tuve la oportunidad de conocer a tantos jugadores profesionales que solo por amistad defendían los colores del Utah mix. Fueron grandes jugadores y de verdad eran profesionales, hasta los entrenadores de mi gran equipo tenían un buen currículo en el ambiente futbolístico. Soy feliz por haber tenido esas grandes amistades como Ricardo Ángeles, y el gran Nilton Claus que es un jugador Brasileño, David Chevez que es un jugador profesional de Perú, pero más profesional como amigo, el veterano Mango Olaechea quien fue un jugador mundialista, imagínatelo un hombre pobre, común y corriente como yo, contaba con estos jugadores en mi equipo y entrenadores, como Coco Takahashi, un descendiente japonés experto en el fútbol en toda América para mi parecer. Gracias a toda esta gente y a cada jugador por que siempre los recuerdo con mucho cariño. Es fácil hacer las cosas cuando cuentas con tanta gente experimentada en la materia y en esto del fútbol no había conocido a nadie de la talla y la experiencia del último entrenador de mi equipo, el señor Ricardo Ángeles quien llevó el equipo a cuatro finales. Cuando los profesionales son los que te manejan tus proyectos, todo se ve mejor y te da mejor imagen. Como anécdota les diré que varios de otros conocidos que tenían sus equipos en ligas menores, me pedían que si les podría dirigir sus equipos, pues que yo sabía mucho de esa materia.

Y en realidad de entrenador, nunca tuve nada y esa era la imagen que tenían de mí, gracias a la gente que yo tenía a mí alrededor como el gran don Luis Rivas el mejor comentarista deportivo del estado.

¿Te diste cuenta como se llama este capítulo?, "lo peor de todo". Lo lindo de todo esto, ya te lo comenté, ahora te comentaré lo malo de todo esto, por que lo peor de todo era que aún no me daba cuenta, que a veces no había ni para pagar el arbitraje. ¿Y de qué bolsa crees que salía ese dinero? Pues de la mía. Tenía grandes patrocinadores como Víctor Tires, el gran Roberto Almeida, y muchos más que me ayudaban con los uniformes del equipo. Pero solo eso, el uniforme y los gastos adicionales como el agua, el pago de arbitraje, transporte, ¿quién los cubriría si era mi equipo? Simplemente yo. Cuándo aprendí lo que aprendí y dije ¡ya basta! Decidí parar eso por un tiempo. Creo que más de la mitad del equipo aún siguen debiendo su registración a la liga o su inscripción. ¿Y sabes a quién se lo cobrarán?, Pues a mí. Hasta el día de hoy creo que adeudó cierto dinero de los jugadores amateur que jamás me dieron un centavo por su registración y al final seré yo quien tenga que saldar esa deuda. Que importa, es el precio de la pasión pero b bueno de todo esto es que yo dije "ya basta", tengo que parar esto ahora o nunca, quien quita que tal ves mas adelante ya tenga un equipo profesional, por que no.

La diferencia es que ahora todos esos gastos que congelé, ahora los puedo ahorrar. En esos momentos todo era felicidad para mí pero lo peor de todo hubiera sido que no me diera cuenta y seguir en lo mismo. Con esto no te quiero decir lector que si tienes una pasión la dejes no, pero si te das cuenta que te causa gastos de los cuales tú no estas económicamente preparado para solventarlos, simplemente suspéndelos por el momento, ya vendrán momentos de abundancia y de seguro te la pasaras mejor, y hasta mas profesional lo puedas reiniciar. Así es que si tu pasión afecta tu economía, suspéndela por un tiempo.

Muchas de las personas que conozco tienen pasiones, hobbies o vicios que a veces hasta se endeudan con tal de realizarlos y ¿sabes? no damos, o no queremos darnos cuenta que no nos están conduciendo a ningún lugar mas que tan solo a satisfacer momentáneamente nuestra felicidad. Una vez pasado el momento, casi nadie suma el gasto que nos ocasionó. Simplemente fue un gasto inútil que pudo haber esperado hasta que estuviésemos mejores económicamente y quién sabe, en un futuro disfrutarlo doblemente. Yo sé que es difícil y después de esta pequeña historia me entenderás cuan difícil fue esto para mí. Fue casi como arrancarme un brazo, solo que ahora pienso diferente. Si me van arrancar un brazo para luego ponerme uno biónico no hay problema que me arranquen los dos si quieren y de cortesía hasta mis piernas se las doy, con tal que me implanten unas biónicas.

La gente rica tiene muchas pasiones ¿pero sabes cuál es su principal pasión? Es hacer dinero y más dinero para poder tener más libertad, para poder ayudar más, para poder tener más tiempo dedicado a sus pasiones, caramba!!! ¿qué raro no? Ponen en primer lugar el hacer dinero para disfrutar sus pasiones. Nosotros, lo hacemos al revés. Primero disfrutamos nuestras pasiones y después a ver como le hacemos con el dinero. Para que este mundo empiece a cambiar, primero debemos cambiar nosotros mismos. Sin darte cuenta, de un día para otro verás que de repente el mundo empezará a cambiar para ti. Una cosa te diré, pese a mis bajos estudios, el planeta no cambia así de repente y no cambiará tampoco así de repente para ti, pero si cambias tú mundo, el mundo cambiará para ti. Dicen que cada cabeza es un mundo, pues entonces el primer mundo que debes cambiar es el tuyo. Todo lo que tu viejo mundo te ha dado hasta ahora ya lo tienes, ya lo disfrutaste, está bien, ya basta, ahora probaremos de nuestro nuevo mundo. Para que este nuevo mundo te cambie tus regalos, tú tienes que regalarle algo nuevo, un cambio. ¿Piensas que hay que ir a la universidad o graduarse de algún doctorado para entender esto? Yo te digo que no. ¿Entonces qué esperas? ¿Qué te detiene a dar ese cambio? ¡Ah! Ya sé que te detiene, juntos lo vamos a descubrir.

Lo peor de todo, se puede convertir en lo mejor de todo.

Nos Detienen Nuestras Costumbres, Creencias y Enseñanzas

Capítulo 3

Para cada padre y/o madre sus hijos son los mejores del mundo, los más lindos, los más buenos de todos. Para cada hijo, nuestros padres son los mejores del mundo, los que nos enseñaron lo mejor y nos dieron lo mejor de la vida. Creo yo, en ambos casos, es erróneo pensar así. Si todos los hijos fueran muy buenos, entonces díganme quien rayos fue la madre de Hitler o quien parió al rey Herodes, solo por mencionar algunos de los tantos monstruos de la historia. Y si todos los padres nos enseñaron lo mejor del mundo, ¿por qué los míos se descuidaron en enseñarme acerca del dinero?

Desde el momento que nací en este mundo, todo se movía a base del dinero. La cuenta del hospital, los gastos de pañales y todo lo demás que es necesario para criar a un hijo. Eso era lo primero que hubiera querido que me enseñaran mis padres, después de hablar y caminar. Pero, ¿saben qué? Si lo hubieran hecho, sería hoy un genio en el arte del dinero. Sin embargo, los comprendo. Pues que me iban a enseñar, si también a ellos sus padres les enseñaron que el dinero era para gastarlo.

Esa es la gran cátedra o enseñanza que heredé sobre el dinero, que se ha hecho para gastarlo. Si desde el momento que tuve uso de razón me hubieran inculcado que el dinero también sé ha hecho para ahorrarlo e invertirlo, para que te produzca mas, no quiero imaginarme los millones que hoy tendría en el banco si lo hubiera hecho desde pequeño. Si tan sólo me hubieran enseñado que el dinero da salud, por que a través de este, puedes comprar medicinas y contratar a los mejores doctores. Te da la felicidad, por que puedes dar muchos regalos y ayudar a tanta gente necesitada. Te da la comodidad, por que con él puedes comprar lo que quieras y sin deberle nada a nadie.

Oh, pero no nos preocupemos por esas enseñanzas erróneas sobre el dinero que se nos han inculcado desde pequeños por que ahora todo será diferente. Ya que a partir de este momento, nuestra mentalidad va a cambiar. Este cambio es necesario si queremos un futuro diferente, con respecto a nuestro estado económico. Te voy a dar un ejemplo que espero que te ponga a pensar. Para que este cambio se lleve acabo, nuestros pensamientos deben de estar fijos en el gran cambio que nos puede brindar en nuestra vida, si lo ponemos en práctica desde ahora, desde este preciso momento. Vamos a suponer que tienes un auto viejo que aunque no te da grandes problemas, sabes que tiene bastantes millas recorridas, y que aunque anda bien, sabes que necesita algunos arreglos. Pues resulta que ahora has decidido darte un gran paseo por diferentes ciudades de tu país. Quieres disfrutar la vida y darte un paseo por diferentes lugares, planeas unas vacaciones con toda la familia para conocer los tantos lugares que no conoces. Adoras tu auto y quieres hacer el viaje en él. Aparte que te ahorrara mucho dinero, te sentirás muy a gusto conduciendo en él hacia esos nuevos lugares que conocerás. ¿Qué crees que es lo primero que debemos hacer si quisiéramos realizar ese viaje en nuestro propio auto ya un poco viejo y con tantas millas recorridas? Pienso que lo primero que debemos hacer sería consultar a un buen mecánico, experto en esto de los autos y sus arreglos. Quien después de revisarlo, de seguro nos va a sugerir que le cambiemos ciertas piezas y de ser necesario cambiarle el motor o por lo menos reconstruirlo, poner llantas nuevas y todo lo que necesite. Okay, él ya te recomendó todo esto, ahora la decisión depende de ti. Si quieres tener un viaje placentero y seguro, desde luego que le harás caso al mecánico. De otra manera, te la jugaras y supuestamente por ahorrar un dinero, te lanzas así a dar tu gran paseo. Aunque el especialista en autos y motores te recomendó lo que deberías de hacer antes del viaje, si lo ignoras y no lo haces, es un 100 por 100% seguro que a la mitad del camino te quedaras botado, y sin poder ir a ningún lado. Bueno, para solucionar el problema llamas a otro mecánico para que te arregle el auto. Resulta que este mecánico te da los mismos consejos que el primer mecánico te dio, pero esta vez advirtiéndote que te saldrá mucho más caro, casi el doble por que el no trabaja en carreteras, y menos en fin de semana ¿sabes? Quieras o no, lo tendrás que hacer, ¿sabes por qué? Por que quieres a tu familia, amas tu auto y al final quieres a todos de regreso en casa. Voy aprovechar este espacio para mandarle un saludo a mi gran amigo Ricardo Espinoza, el mejor mecánico chileno de mi ciudad. Gracias a él y su talento, jamás me he quedado botado en ninguno de mis viajes, y sé que con sus consejos jamás me quedaré en la carretera tirado con mi auto. Tal vez me quede un día pero por problemas menores, los problemas grandes él me los soluciona antes que lleguen.

Bueno, igual que este ejemplo, si queremos tomar una jornada hacia las riquezas, tenemos que escuchar y aprender de los que saben mucho más que nosotros sobre el dinero. Imaginemos que el motor de tu auto es nuestra mente que ya viene con bastantes millas recorridas, casi mal funcionando, pero no nos quejamos. Sea como sea, nos ha servido y nos ha conducido hasta donde hoy nos encontramos. Ya esta determinado que el motor de nuestro auto es la mente, ahora el paseo que queremos dar es hacia donde se encuentran las riquezas del mundo. Entonces, es fácil, antes de iniciar nuestro viaje, lo primero que debemos de hacer es cambiar o reconstruir nuestro motor o sea ajustar nuestra mente para prepararla para el viaje. Luego, debemos guiarnos por lo que dicen los expertos. Después de disfrutar el viaje, que de seguro será muy placentero y además lo más bonito, daremos gracias que sigue siendo nuestra, con esto me refiero a nuestra mente, nuestra manera de pensar. Reconoce que ya caminamos bastantes millas, y démosle gracias a Dios que nuestro motor [la mente] no se apago. Por eso reconoce que desde este momento es tiempo de hacerle un ajuste a nuestro motor a ese "yo" que llevamos dentro, que si no lo despertamos ya, jamás despertará y menos sin la ayuda de profesionales o expertos en esta materia.

Desde bebés lo primero que nos eliminan de nuestro ser es alejar todo tipo de peligro o riesgo. Me imagino de 9 meses tratando de bajar las escaleras de esa casa de tres pisos. La primera reacción de mis padres al verme merodeando esas áreas de peligro era decir "no-hijo, cuidado te puedes caer". Me imagino a los 13 meses tratando de jugar con un perro mientras mis padres me dicen, "cuidado, ese perro te puede morder, aléjate" ¡basta ya! Mejor imagínate ahora a ti tratando de ir al baño solo, y tus padres diciéndote, "no-hijo, espera, todavía no, aún eres muy pequeño para hacer tus necesidades solo, mejor deja que tu hermana te ayude". ¿Tú hermana? ¡Por Dios, que vergüenza! Que error, automáticamente se te encoje todo él animo, las ganas, y hasta los deseos se te desaparecen. Parece chistoso pero igual es en la vida. A veces tienes ganas de hacer tantas cosas a lo grande y sin ayuda de nadie, pero resulta que no haces nada por que al igual que desde pequeño, todo el mundo te lo impide, hasta tu propia familia.

Imaginemos nuevamente tú o yo cerca de la escalera y que nuestros padres se coloquen esta vez a tan solo un escalón abajo para recibirnos después de la primera caída. Yo no sé, pero recuerdo desde pequeño que no era tan tonto como para volverlo a intentar nuevamente, y solo jamás recuerdo. O por otro lado, imagínate yendo al baño solo y ves al novio de tu hermana en el mueble tirado como un saco de papas y tú entrando triunfador en ese lapso de la puerta del baño al sillón. Y tú entrando triunfador sacando pecho, y orgulloso por que ahora lo hiciste solo y sin ayuda de nadie. Y el perro que ellos pensaban que te podría morder, ahora es el que te cuida. Y es mas, casi mordió al novio de tu hermana por que pensaba que derepente te haría daño. ¿Ves la diferencia? Si tan solo nos hubieran dejado correr nuestros propios riesgos hubiéramos sido más fuertes, más seguros y menos temerosos. Así de sencillo hubieran sido nuestras vidas si nos hubieran enseñado a correr nuestros propios riesgos en todos los aspectos de nuestras vidas en especial lo que tiene que ver con el dinero. Por el contrario, nos enseñaron "levántate temprano para que vayas a la escuela a aprender". Hubiera preferido que me hubieran dicho, "levante temprano para que algún día puedas poner tu propia escuela". También me decían, "saca buenas notas para que llegues a ser alguien en la vida". Me hubiera gustado que me hubieran dicho "si notas que puedes ser algo en la vida, hazlo. También me decían, "estudia para que llegues a ser alguien en la vida". Esto si fue duro por que tenía que estudiar y a veces hasta sin desayuno. Cuando lo mejor que me podían ver dicho era "estudia la manera de como puedes llegar a ser alguien de dinero en la vida".

Una frase que adoro es la siguiente, "si quieres triunfar en la vida, estudia aunque sea con poco recursos por que centellas no me las dijeron al revés". Así es que lector, hay que estudiar como triunfar en la vida, aunque nuestros recursos sean pocos. Después de repasar todo este pequeño recorrido, estarás de acuerdo que para salir de esta vida de pobres que llevamos, lo primero que tenemos que hacer es cambiar nuestra manera de pensar. Eso es lo primero que tenemos que transformar, por que simplemente nos causa daño.

Yo sé que tu abuelo o tatarabuelo no fue un Dale Earnhardt Jr. en las carreras del dinero. Hasta allí tenemos algo en común, tampoco mi abuelo fue un Montoya en las carreras del dinero. Estos dos para que sepas, si aún no lo sabes, fueron campeones de automovilismo. Entonces si nuestros antepasados no fueron campeones de esas carreras del dinero pues por lo tanto no tuvieron nada que dejarnos de herencia con respecto al dinero. En mi caso es muy diferente ya que una vez muerto mi abuelo, resulta que hasta tengo medios tíos.

Quizás resulta que nuestros antepasados no fueron grandes campeones en esta materia, pero eso no nos debe preocupar, ya que hoy en día, contamos con muchos campeones de quienes podemos aprender y seguir, tales como Oscar de la Hoya, Julio Cesar Chávez, y Michael Jordan, en fin, busca cualquier ídolo que se identifique contigo. Si estudias sus vidas, te darás cuenta que para lograr lo que han logrado, aparte del esfuerzo y sacrificio, todos tienen algo en común. Lo que diferencia a esos campeones de los otros competidores no tan exitosos, es simplemente que ellos cambiaron su manera de pensar. Si, cambiaron su manera de pensar aparte de prepararse físicamente. También se prepararon mentalmente y antes de ganar la primera medalla o corona, ellos ya traían las ganas de ser campeones. Cada segundo y día de sus vidas, alimentaban más y más esas ganas de triunfar, hasta lograrlo. Eso fue lo que los llevó a ser campeones. Ellos cuentan que visualizaron a donde querían llegar desde antes de haberlo logrado y fue eso lo que más los fortaleció a conseguir sus medallas. Imagínate, que difícil habrá sido la preparación física, ahora agrega a eso la preparación mental que tuvieron que añadir para poder lograr el éxito.

Hemos aprendido entonces hasta este punto, que para poder salir de la pobreza de donde nos encontramos, lo primero que debemos hacer es cambiar nuestras mentes y sobre todo nuestra manera de pensar acerca del dinero por que casi todo lo que se mueve en este mundo esta basado en el dinero .

Te recuerdo una vez más lector, que yo solo te serviré como guía o como un empujón hacia el camino a la grandeza. A partir de este momento que se nos convierta en un reto. Amigo recuerda esto, quiero que te quede bien claro, yo al igual que tú me estoy iniciando en este camino y lo mejor que puedes hacer es que inicies tú ahora en este preciso momento y tal vez juntos podremos llegar a lograr nuestras metas. Si la tuya es cambiar tu vida para poder tener de todo en abundancia y que el dinero se multiplique por mil o por que no en miles de miles mas para ti, si esa es tú intención, entonces estamos en el mismo camino, continuemos el viaje.

Existen muchos ejemplos de grandes campeones, de gente que ha llegado a lograr mucho éxito y han logrado ganar grandes cantidades de dinero. Tal vez muchos ganaron millonadas en corto tiempo, sin ni siquiera imaginarlo ni esperarlo que llégase así de pronto. Así como te menciono de personas que sirven como un ejemplo para seguir por sus logros, de la misma manera podemos aprender de aquellos que ganaron mucho dinero y que hoy casi están en la ruina. Increíble pero cierto, tenemos muchos ejemplos de artistas famosos que tan solo con la venta de un disco lograron ganar una gran cantidad de dinero. Igualmente, tenemos historias de deportistas que de la noche a la mañana la fama y el dinero los sorprendió como por arte de magia. También entran en estos ejemplos la gente que se ganó la lotería, muchos de ellos acabaron en la ruina, y de no ser así, las generaciones venideras de esa fortuna a veces acaban en la ruina. No es que les desee eso, no para nada, pero de una cosa estoy seguro, todos estos que utilizamos como ejemplos de fracaso en cuestión de dinero, la razón por la que fracasaron es y será simplemente por que no se prepararon para recibir el dinero. No llegaron a aprender como manejar el dinero, no cambiaron sus mentes y creencias que tenían acerca del dinero, no se esforzaron mucho para prepararse y consultar a los verdaderos expertos para poder retener y multiplicar esas riquezas. Ese no debe ser nuestro caso, por eso yo prefiero aprender de los que admiro y de verdad saben cómo manejar el dinero.

¿Cuánto vale tú fortuna lector? La mía por ejemplo, si tomo todo lo de mi familia incluyendo mis antepasados, mis abuelos, mis padres, y mis hermanos y si juntáramos las grandes fortunas que tenemos y hemos heredado, en un solo monto y tal vez incluyendo la fortuna de algunos primos y tíos que conozco aunque parezca increíble y le duela a quien le duela de mi familia, tengo que ser sincero conmigo mismo. ¿Saben que? Los números no engañan y estoy seguro que si hacemos una sola suma de todas nuestras propiedades y riquezas, que tenemos todos juntos, ¡sí! Todos juntos, les aseguro que no llegaría ni al diez por ciento de la fortuna de ninguno de los millonarios que hoy admiro. Estoy claramente convencido que toda esta fortuna generada en mi familia por generaciones, estos millonarios de hoy se lo ganan tan solo en unas cuantas horas. A lo mejor no es este tú caso, pero si eres sincero contigo mismo, tendrás tus propias cuentas. No sé cuál sea tu caso lector pero yo ya lo tengo sumado todo. Lo que imaginariamente he sumado no le alcanza ni a la tercera parte de lo que hoy tiene Donald Trump, Bill Gates, Jorge Vergara o por último ni Rockefeller. Así hay muchos millonarios que sabemos que existen hoy. Si sumas todo lo que tu tienes y te da mas de la suma de dinero que ellos tienen, pues sencillamente no pierdas mas tu tiempo e investiga acerca de tus familiares que tienen mas, tal vez así llegues a tener pronto igual o más que ellos. No es ese mi caso y si no es el tuyo, no hay problema, estamos en las mismas condiciones, sigamos.

Si estas conforme hasta ahora con todo lo que has logrado pues bien, gracias por leer hasta aquí, sigue haciéndolo como lo has hecho hasta este día de hoy, te deseo lo mejor, invierte tu tiempo en otra cosa que te beneficie mejor económicamente. Y si no estas conforme con lo que has logrado económicamente hasta el día de hoy, excelente, todo esto escrito aquí es para ti, continuemos. Yo también quiero triunfar económicamente y para allá vamos juntos, ¿sabes hacia donde? Rumbo al millón. Si parece cosas de locos lo admito, pero eso es lo que quiero lograr el millón y si tú te lo propones, también puedes tener tu millón. No importa en que país vivas, en que situación estés, si estas trabajando o no, si estas sin dinero o no, si debes a todo el mundo o no. Si no sabes como empezar, mira, aquí no importa nada, solo pregúntate a ti mismo, ¿estas dispuesto a cambiar tu manera de pensar sobre el dinero y lograr hacer todo lo humanamente posible que este a tu alcance para lograrlo? Si tu respuesta fue si, pero un sincero "si", pues es hora de iniciar el cambio. No hay ni un millonario en el mundo que diga "no, mentira, ya no hay cupos", tampoco encontraras un libro que te diga lo mismo "lee, si be tonto, que en vano serán tus intentos" no hay, y si lo hubieran mas adelante en nuestras vidas, que importa. Vive el momento ahora mismo, no hay ningún letrero en ningún centro comercial que diga "ya hay suficientes, no se acepta ni un millonario mas", por el contrario, a partir de hoy, si todo el mundo supiera que tú ya eres millonario o que casi lo logras, todos los letreros pondrían tu nombre bien grande. Imagínate tú entrando a cualquier establecimiento público y tú nombre allí bien grande con las palabras, bienvenido Juan, Carlos, Marcos, Juana, Carmen o como te llames, ¿cómo te sentirías? ¿Feliz verdad? Aunque no veas letreros y si los empleados del establecimiento ya te conocen correrían apenas escuchan tu nombre, porque saben que esa propina que tú dejas representa más que un día de trabajo regular. O te lo pongo al revés, si tú trabajaras por 80 dólares diarios y llegó tu "yo" interior a comprar a esa tienda donde trabajas pero sabes que tu "yo" interior deja siempre 200 dólares de propina, ¿cómo lo tratarías? De seguro lo tratarías mejor que a tu propio jefe, entonces por que no empezamos desde hoy a que tu "yo" interior sea ese que hoy nos imaginamos.

La tarea es bien fácil aunque no lo ¿sabes por qué? Pues simplemente por que jamás hemos tenido una comunicación directa con ese "yo" interior que pese a todo sabemos que es mas fuerte que tu hermano, que tu padre, que tu vecino, que tu amigo, y que cualquier ser viviente que se te ponga enfrente. Tú "yo" interior no lo conoces en realidad, y si no haces nada por conocerlo que lastima, lo cargaras no sé 40, 50, 60, 70, 80, o 90 años de tu vida, te morirás y jamás lo conocerás. Aunque su imagen todos los días lo bañas, lo afeitas, lo cambias de ropa, y lo alimentas. Que triste convivir con un ser muchos años y morirnos sin ni siquiera conocer la mitad de lo que debíamos conocer a ese ser que esta en nosotros y vive con nosotros. Y lo peor de todo que ese súper hombre o mujer duerme con nosotros.

Te contaré algo breve que he aprendido en tantos años a través de libros y experiencias. Nuestro "yo" interior es mas fuerte que nosotros, y que diez superhéroes de la historia. Nuestro "yo" interior es más fiel que diez perros juntos, es mas sincero que diez curas, pastores, o diez obispos juntos. Tu interior es más guerrero que cualquier soldado de cualquier fuerza especial. Pero resulta que nadie, absolutamente nadie en el mundo podrá saber de lo que es capaz este "yo" interior hasta que tú lo pongas a prueba, hasta que tú lo pongas a trabajar, hasta que tú le digas demuéstrame de lo que eres capaz. Y no hay nada, ni nadie que puede hacer eso en este mundo por ti. Le busquemos por donde le busquemos, hay que reconocer que nadie, absolutamente nadie, solo nosotros mismos, podemos despertar esa gran fuerza superdotada que llevamos dentro, si en verdad lo ponemos en practica desde ahora.

Después de aprender un poco de todo esto, me he alejado casi de todo el mundo. Mis amistades, mis familiares y hasta de los sitios que más frecuentaba, como clubs, discotecas, reuniones de amigos y en fin. ¿Sabes que? Noto que la gente me cataloga como esa famosa canción de un mundo raro, pero si la rareza de este mundo me esta llevando a mi objetivo, entonces de verdad que lindo es vivir en un mundo raro, pues el mundo conocido en el que vivía me estaba llevando a la ruina y en menos del tiempo que esperaba. Este mundo raro me esta trayendo mejores resultados económicos a mi hogar. Prefiero quedarme en este lado pues ya probé los dos mundos y este es el que más resultados me esta dando, ¿Entonces que camino tengo que seguir, si quiero dar un cambio en mi vida? La respuesta es fácil, si sigo usando la misma ruta por donde todos los que conozco están yendo, lo más probable es que todos iremos a parar al mismo sitio con resultados ya conocidos. ¡Ah!, pero si paro mi marcha y encuentro otro camino que es un poquito más duro de atravesar, pero ves que al final los que la tomaron gozan de éxito y riqueza, la que andábamos buscando, ¿cuál es el camino que quisieras tomar? No lo dudemos ni un minuto más.

Si los ricos por generaciones enseñan a sus hijos como hacer más fortuna y mantenerla, mientras que por el otro lado los pobres enseñan a sus hijos como seguir trabajando duro y seguir siendo pobres. A mí me gustaría que me adopte un padre rico aunque sea por unos dos años hasta que me enseñe un poquito de su conocimiento y secretos para enriquecer. Sé que yo mismo lo puedo lograr por mi propia experiencia, solo que me dé un poquito de su conocimiento nada mas eso le pediría y el resto es mío. Afortunadamente te daré una buena noticia que nos alegrara tanto a ti como a mí y es la siguiente: no tenemos que ser realmente adoptados por nadie, pues tenemos acceso a sus grandes conocimientos y experiencias, a través de sus libros, audio, y miles de cursos y conferencias que ellos nos brindan. No, espera, si tú eres uno de esos incrédulos y negativos como algún día lo fui yo, espera, no empecemos mal. Recuerda que nadie te dirá las cosas tan sinceras como té la esta diciendo una persona que esta al mismo nivel que tú y casi en las mismas circunstancias como lo estoy haciendo yo por medio de este libro. Recuerda, somos aprendices, ya hablamos de nuestras creencias y costumbres que teníamos por que nos las impusieron sin darnos cuenta. Ya hablamos del "yo" interior que llevamos dentro y de la manera de pensar de toda la gente que nos rodea, entonces no metamos cosas negativas a nuestro interior y menos expulsemos negatividad, pues igual recibirás cosas negativas y estamos tratando de caminar. Entonces alejemos esos malos pensamientos de nuestras vidas, "como estas creyendo que voy aprender de esa gente", "estas loco, como crees que los ricos te van a enseñar" peor aún, "me quieren quitar mi billete" y muchas cosas negativas que te repito una vez mas, yo también pensaba así y es normal. Si lo pensaste en este momento, no hay problema, pero ahora podemos invertir esos pensamientos por algo positivo como por ejemplo "claro, si quiero aprender", "tengo que aprender de ellos," y "no me están bajando mi billete, por el contrario, es muy barato el precio por todo lo que aprenderé" y así podemos reemplazar todos esos malos pensamientos por pensamientos más positivos. Créeme lo que te digo, las cosas que aprenderemos juntos nos serán de mucha importancia para crecer y cambiar nuestra forma de pensar y de buscar la riqueza. Lo que tratare de demostrarte aquí es que si tienes ganas de hacer una fortuna se puede hacer. No importa si estés en centro, sur o

Norteamérica, China o África, con nuestro trabajo por más sencillo y mal pagado que parezca se puede lograr lo que queremos.

Me voy a imaginar que eres un joven de 18 años el cual su padre siempre trabajo duro por la familia y por ti, desde tu primer año de nacimiento tu padre opto por la bendita costumbre de ahorrarte semanalmente 25 dólares, 25 pesos o 25 billetes de la moneda en el país donde vivas. Imagino cual será tu respuesta a esto: "pero la situación esta dura aquí en mi país". Esta bien, pero estoy casi seguro que dos dólares al cambio si los pudiese ahorrar, bueno lo más importante de todo esto es que te imagines si tu padre te ahorro cierta cantidad de dinero desde tu primer año de vida y te enseño eso, que tu ahorro era la fortuna mas grande que te dejaría y que por favor le prometieras que no sacaras ese dinero nunca, jamás, y que por el contrario desde los 18 años para adelante a ti te tocaba seguir la tradición y la promesa de no tocar ese dinero, ahorrando la misma cantidad o un poco mas semanalmente fuese cual fuese la necesidad. La misión es solo echar y jamás sacarlo hasta cumplir los cuarenta años. En mi caso, imagínate si hubieran depositado en mi cuenta de bebé $100 pesos mensuales, al año serian $1,200 pesos o dólares, y a los 18 años, tendría $21,600 pesos o dólares y si lo sigo aplicando hasta los cuarenta años, la cantidad sería $48,000 pesos o dólares. A esto súmale los intereses de cada mes y guau ¿increíble verdad? Todos llegaríamos con una inmensa cantidad de pesos de nuestro país, aparte del dinero ahorrado para el retiro y nuestra jubilación, ¿te imaginas? No importa en que lugar del planeta vivas o donde trabajas, lo puedes lograr tanto para ti como para tus hijos. La matemática no engaña lector y tampoco engáñemos nuestra realidad. Tal vez nuestros padres se gastaban o se gastan el triple de esos 25 pesos o dólares semanales en cerveza, cigarrillos, mujeres o no sé que otra cosa. Vicios y apuestas, ¿estamos de acuerdo o no? Después de esta breve clase de matemática entonces volvamos al punto inicial. Si ya estamos tratando de dar el ca 44 n nuestra vida, o sea, la forma de pensar sobre el dinero, em s desde ahora. Esto del ahorro lo puedes iniciar desde esta misma semana para tus hijos y si tienes mas de 18 años, no hay problema, solo tendremos que esforzarnos un poco más para tratar de ahorrar más.

Recuerda que todos los malos pensamientos y cosas negativas que teníamos en la cabeza son basura y sé que no nos gusta vivir con basura en la cabeza. Saquémosla desde hoy y empecemos a pensar cosas positivas. Me encanta esa frase deportiva que dice, "si se puede" "si se puede", ahora hay que añadirle su condimento "si quieres", "si quieres". ¡Ya basta!

Recuerda esta frase y ponlo en practica en tu vida

> El que gasta se desgasta, el que ahorra se fortalece y el que invierte se enriquece.

Las Oportunidades Llegan

Capítulo 4

Es mentira que las oportunidades no llegan – allí están, siempre las habrá. Imagínate a una leona hambrienta en África esperando debajo de su árbol al lado de su manada de leones que se le presente la oportunidad de poder cazar y satisfacer su hambre. ¿Crees tú que esa leona podría encontrar una oportunidad allí manteniéndose sentada al lado de ese árbol rodeada de su manada? Pues yo creo que no, salvo que en África ya existan los venados suicidas o las cebras haraquiri, solo así pienso que se le presentaría una oportunidad de cazar. ¿Sabes que hace la leona? Ella ya sabe que puede encontrar oportunidades allí muy cerca de su territorio, sólo tiene que salir a buscarlas, sin embargo, antes de salir a cazar, ya sabe lo que tiene que hacer para tener éxito. Sus padres, o papas leones ya le enseñaron lo fundamental para poder subsistir con la casería y asegurar el éxito. Ella cuenta con muchas otras herramientas aparte de su entrenamiento. Cuenta con su fortaleza y su conocimiento y son de mucha ayuda para saber cuando ir a buscar esas oportunidades y como obtenerlas.

Así de parecida es la vida para nosotros. Para mí y para ti lector las oportunidades no llegan, sino que siempre están allí y siempre estarán, lo único que tenemos que hacer es primero reconocerlas como oportunidades y prepararnos para saber como atrapar esas oportunidades. La diferencia entre la leona y nosotros es que a nosotros usualmente nadie nos enseña o entrena para buscar las oportunidades y saber donde podemos encontrarlas. Una de las grandes diferencias entre el reino animal y nosotros, es que nosotros podemos leer, escuchar audio y asistir a presentaciones sin que la gente nos mire súper temerosos como si vieran un león en una conferencia o imagínate un león yendo a la librería a comprar un libro para aprender como cazar. ¿Todo el mundo saldría disparado sí o no? Ese no es nuestro caso gracias a Dios.

Entonces tenemos una serie de diferentes métodos con los cuales podemos aprender e instruirnos. Cuando cambies tu manera de pensar y actuar, y lo hagas en favor de los tuyos, te aseguro que dejaras de buscar las oportunidades, ¿sabes por qué? Por que seran ellas las que te busquen, como si se tratase de una atraccion,ya que veran una oportunidad en ti y la relacion se hara estrecha. Excelentes oportunidades suelen pasar muchas veces frente a los ojos de los que no están preparados, y obvio estas personas no se dan cuenta.

Como ejemplo, te comentaré de algunos de los mejores y de los peores trabajos que he desempeñado y por los cuales he pasado, tratando de encontrar una mejor oportunidad. Sabes que si yo no hubiera estado preparado para reconocer las oportunidades, se me hubieran pasado frente a mis ojos sin darme cuenta, como les sucedió a algunos de mis amigos. Voy a compartir alguna de ellas contigo. Desde que llegue a este país tuve muchos trabajos buscando siempre la mejor oportunidad para mí. Me propuse ganar 500 dólares semanales, y de no poder lograrlo con un sólo trabajo, a veces tenía que conseguir 2 trabajos. Esto se sumaba a dos jornadas de 8 horas, un total de 16 horas al día con tal de lograr mi objetivo de 500 dólares semanales. Encontré trabajo en los almacenes de una importante tienda de alimentos, llenando paletas [empacando y llenando las paletas para después llenar los camiones que eran los que distribuían los productos a diferentes tiendas]. Este trabajo pagaba bien y tenían buen seguro médico. Para ese entonces, me fije la meta de trabajar para poder recibir los beneficios médicos y después hacerme una operación en el oído del cual sufría mucho dolor. Ese fue mi primer objetivo. Después de la entrevista obtuve este trabajo, me pagaban bien, 14 dólares la hora. Lo único que tenía que superar en esa ocasión fue la hora de entrada, ya que era a las 5 a.m. La hora de salida no se sabía ya que era hasta que llenábamos el último camión o terminábamos con todo el pedido. A veces te podías marchar después de una jornada de hasta 14 o 16 horas seguidas. El trabajo solamente se podía parar para tomar un descanso de 15 minutos, al medio día tu almuerzo de 1/2 hora, y después de allí a darle hasta terminar con el cargamento. Créeme que hubo días que le dábamos hasta las 9 de la noche, especialmente en días festivos como navidad u otros con ventas mayores. Te aseguro que después del primer día, no me dieron ganas de volver a trabajar allí. Tenían un sistema casi militarizado por computadora, que era la que calculaba tu porcentaje y tu producción del día. Recuerdo que eran aproximadamente 300 cajas por hora las que tenías que acomodar. ¡Sí! 300 cajas por hora, si hacías menos de eso, estabas frito y de repetirse dos o tres veces menos de ese porcentaje, de seguro podías ir buscando otro trabajo. El despido era automático ya que la computadora decía que no podías rendir más y punto para fuera. Aparte del sistema automático, tenías que marcar la hora de entrada, la hora del descanso donde los minutos empezaban a correr a partir del momento que la maquina paraba, y el lapso de tres minutos desde la maquina al salón de descanso los tenías que reponer. De la misma forma tres minutos antes de finalizar el descanso tenías que empezar a dirigirte de regreso a las maquinas, pues al momento de llegar, ya los productos empezaban a desfilar por tu línea y pobre de ti que se prendiera la luz roja de tu línea, eso era un punto negativo en la computadora para la línea en la cual estabas trabajando. Aparte de competir con la computadora, el supervisor del área parecía un verdugo parado casi todo el día al lado de esas líneas con un micrófono viendo cual línea trabajaba más lenta. Y de no querer oír tu nombre por esos asquerosos parlantes, tenías que moverte al máximo. Solo le faltaba un látigo a este súper déspota supervisor, era un capataz audaz y perfecto capaz de someter a cualquier esclavo.

No soportaba ni un día más en ese trabajo. Cada día que no quería ir, me agarraba el oído y me decía que la tenía que hacer ya que sabía que a los 90 días tendría derecho a seguro médico y solo me faltaban 88 días. Esa era la fuerza que yo sacaba de mi interior para soportar ese duro trabajo y esa insoportable imagen del supervisor. Después que llego el día que pude utilizar mi seguro médico, lo primero que hice fue ir a ver a un especialista de oídos. En unos cuantos días todo sé acabo. Salí bien de mi operación en las manos de ese experto doctor. Como te puedes imaginar, después del hospital, jamás regrese a ese trabajo. Era tan duro que lleve a mi hermano a trabajar conmigo y a la media hora renuncio. Mi hermano mayor también trabajo allí y aunque parezca mentira, a las dos horas se le inflamó un ojo, tal vez por todas las atrocidades que vio. Tampoco regresó a ese trabajo pero aún con toda esa experiencia vivida les estoy agradecido por haberme permitido trabajar con ellos, de ganar mi buena cantidad de dinero a la semana, y sobre todo, por haber logrado llevar acabo mi operación que me costó casi nada.

Seguí buscando nuevas oportunidades y encontraba un trabajo tras otro. Sabía que no iría a ningún lado sin un buen trabajo. Hasta que se me presentó la oportunidad que yo andaba buscando en ese entonces de ser repartidor de pizzas para Pizza Hut. Me encantaba ese trabajo ya que siempre tenía efectivo en mi bolsa por las propinas recibidas. En este trabajo, había una persona a la cual yo admiro mucho. El gran Alex García, quien era el gerente de la Pizza Hut de la North Temple y la 800 West de la ciudad de Salt Lake. Cuando llegue a trabajar a esta pizzería, las ventas estaban bajas. Si las ventas estaban bajas, las propinas no eran muy buenas. Las propinas eran importantes para ese trabajo ya que el sueldo era menos de $5.50 la hora. Pasaron cuatro diferentes gerentes en esta pizzería en un corto período pues los que llegaban intentaban levantar las ventas pero todo era en vano, quería renunciar. Hasta que llega el gran Alex García. Después de varias reuniones con los empleados, él siempre nos decía que el levantar el negocio no era tarea de él solo, pues nos convenía a todos. A los chóferes, les convenía pues si había más ventas tendrían más propinas, y a los cocineros si había más ventas les daba más horas y así todos nos íbamos a beneficiar. Imagínate, todos los chóferes repartiendo volantes (propagandas) de la Pizza Hut sin siquiera ser socios ni tan solo del 10 por ciento. Imagínate los chóferes que no tenían la responsabilidad de contestar el teléfono. Pero a partir de ese día, todos contestábamos el teléfono, y cada uno repartía propaganda de puerta en puerta media hora diaria antes de cerrar. Increíblemente las ventas subieron de la noche a la mañana. De verdad Alex es el mejor gerente que he conocido. A pesar de su incapacidad física, creo que Dios le puso algo extra en el tacto para ganarse a la gente y gran habilidad para los negocios.

También trabajaba uno de los grandes cocineros de pizza del mundo en Pizza Hut. El gran Rubén, siempre bien trabajador desde que lo conocí, trabajaba en dos trabajos y en los dos ganaba poco, pero sin embargo estaba mejor económicamente que otros que ganaban el doble, incluyéndome a mí en aquel entonces. Espero volver a verlos pronto a estos dos grandes personajes. El trabajo era bueno. Entonces ¿por qué tuve que dejar ese trabajo si era tan bello y rendía tanto? La razón es que no contaba en mis planes que de un momento a otro la gasolina se pusiera tan cara. Llego un momento que ni las propinas eran suficientes para los gastos de la gasolina de mi auto. No quería esperar el momento que el precio de la gasolina se regularizara así que a buscarle por otro lado, y que bueno que lo hice porque después de tanto tiempo, aun sigue cara. Como moraleja de esta experiencia que comparto, por favor déle buenas propinas a los pizzeros, ellos ganan poco. Igual a los meseros y a todos aquellos que nos brindan un buen servicio, veras que la pizza y las comidas te sabrán mejor. Si das un dólar, los trabajadores sienten que lo das con dolor. También mucho cuidado con sus hijos, en mas de diez oportunidades se quedaron con mi propina. Los veía echarse mi propina a sus bolsillos, y después espiaban por la ventana hasta que el pizzero [YO] me fuera. Simplemente me reía pues desde mi auto me daba cuenta que no les estaban enseñando a compartir a ese niño, pero me consuela saber que al menos por iniciativa propia, el bandido chamaquito estaba utilizando su propia técnica del ahorro.

Entonces tuve que dejar ese trabajo y seguir buscando nuevas oportunidades. Empecé a trabajar en el área de producción de una fábrica, atravées de una agencia de empleo. No quería pasar un día más sin empleo y bajar mi meta de los 500 dólares semanales. La agencia de empleo me pagaba 8 dólares la hora y trabajábamos un promedio de 40 a 50 horas en esta compañía. Imagínate, trabajábamos de 5 de la tarde a 2 de la mañana y con solo este trabajo, mi promedio de entrada semanal sería de 300 a 350 dólares semanales después de los impuestos. No lograría mi objetivo así que afortunadamente encontré un segundo trabajo en una fábrica de medicinas con un horario de 6 de la mañana a 2:30 de la tarde. Así que ni modo, a dormir partido de 3 a 4 de la tarde para poder estar a las 5 en el segundo trabajo. También dormia de 3 a 5 de la mañana para poder estar a las 6 en la fábrica de medicinas. Hacia todo esto para lograr mi meta. Mi subconsciente ya estaba programado para hacer todo lo posible con tal de lograr lo mínimo de 500 dólares semanales. Sumando el salario de estos dos trabajos ya me encontraba en el camino correcto.

Esta etapa de mis dos trabajos se podría titular el infierno y la gloria. El infierno para mí era la producción de un conocido jugo. En esta compañía, trabajábamos a 100 millas por hora pues la maquina rebotaba muchísimas botellas por minuto y siempre me ponían en el área de empaque. Imagínate, teníamos que sujetar cuatro botellas de vidrio de un litro en cada mano al mismo tiempo y meterlas con toda nuestra fuerza en una caja que era exactamente justo a la medida para solo cuatro botellas, y a la velocidad de un rayo. ¡Que castigo de verdad! Que paliza nos metían a los que embotellábamos. Trabajábamos cuatro personas en la misma baranda, o en el mismo espacio. Uno al lado del otro y ese espacio era tan solo de 8 pies o no más de tres metros. Imagínate, cuatro personas paradas en constante movimiento a la derecha y a la izquierda todos como locos para poder meter esas botellas en la caja. Era tan duro el trabajo que de verdad la gente solo duraba unas horas. Cuando menos pensabas ya se habían ido a un trabajo nuevo. Sus manos se les hinchaban en cuestión de dos horas, eso les pasaba a todos y debido a que pesaban mucho las botellas. A mi se me hincharon como a las de un oso. Este supervisor la verdad no sé como podía lograr e infundir tanto miedo en los trabajadores. Todos le temían, incluso los que recién llegaban y los antiguos peor, así que decidí quedarme y seguir trabajando un tiempo hasta lograr averiguarlo, y de verdad que lo averigüe. Tom, el supervisor de producción, no tenía otra responsabilidad mas que el de hacer que se lograra la cantidad de producto que la compañía requería. Después de mi primer día de trabajo, decidí ir con manga larga pues era tan incomodas las fricciones de brazo con brazo que hasta la piel se me irritaba y que bueno que tome esa medida pues a diario casi todos los que entraban a trabajar eran gente que solo quería trabajar aunque sólo fuera ese día. Esa gente necesitaba el dinero solamente ellos sabían para que. De varios que lograron trabajar a mi lado, inmediatamente yo pude respirar su olor a licor. Imagínate como podrían ocultar su resaca, su cruda o su noche de copas de una noche loca, imposible, lo peor era el mismo ambiente si volteaba al vecino de la derecha o al vecino de la izquierda. Algunos, si no la mayoría, llegaban con los brazos cortados, así que fue buena mi decisión de ir con manga larga, a pesar del insoportable calor que hacia. Que bueno sería si por lo menos en esa compañía proveyeran alguna prenda desechable o cualquier uniforme desechable para los empleados como lo hacían en la otra fábrica que en comparación a esta, era el cielo.

Bueno, este supervisor Tom, nada mas le importaba la producción, te demostraré por que. Para iniciar te contaré que durante plena producción en mi primer día de trabajo, pedí permiso para ir al baño. La respuesta de Tom fue que no me podía mover hasta que consiguiera quien me podía reemplazar por esos minutos. La verdad es que desde ese primer día hasta hoy no comprendo como es que no podía ir al baño, hasta que encontrara quien me remplazara, si al mismo tiempo no me podía mover de ese espacio para poder buscar a alguien. Pues con las piernas entrecogidas, tuve que acabar mi jornada casi dos horas después que paró la maquina de lanzar botellas. ¡Wow!, Por fin pude ir al baño. Después de unos días, mis manos estaban hinchadas y tal vez no podría trabajar por unos días. Claro, yo pensé descansare unos días aquí y mientras, trabajo en la otra fabrica de medicinas así no perdería tanto dinero. ¿Y que crees? Cuando le pedí permiso a Tom, su respuesta fue que si no me presentaba al día siguiente ya no habría mas trabajo para mí. Óyeme, esto se puso más interesante de lo que pensaba. Así que ni modo, al día siguiente estaba de nuevo frente a las botellas, me volví un experto y me volví el mejor trabajador y como no, si yo era el único que había durado mas tiempo en esa área y de todos los que entraron junto conmigo, nadie más que yo quedaba. Recuerdo que un día una muchacha se desmaya en plena producción y quedó tendida en el suelo. Si, ya me imagino lo que estas pensando, vino la ambulancia y los bomberos, y todas las maquinas de la producción pararon para atender a la victima. Pues no, nada de eso sucedió, créemelo. Ella era una de las antiguas trabajadoras, Tom, el supervisor, vino y la jaló a un lado del piso y no dejó que la máquina parara. Él fue paramédico, rescatador y hasta doctor, me lo creas o no. Todo seguía igual, la producción no paró y nadie llamó a la ambulancia. La producción seguía con la muchacha al lado tirada en el suelo. Pasaron tal vez 20 o 30 minutos y el súper Tom ya había solucionado el problema atendiéndola en el piso y la función continuaba, jamás pararon esa máquina, increíble pero cierto.

Era tanto el estrés y presión de ese trabajo, que en dos oportunidades se pelearon hombres contra mujeres, sí de golpes, patadas, y puñetes. Llegaba la policía y simplemente despedían a cualquiera de los dos, o de lo contrario a los dos. Decían, "nada ha pasado, hay que seguir trabajando, y produciendo". Llevé a tres amigos a trabajar allí y lamentablemente no duraron ni dos horas, pues pensaban que yo estaba loco si seguía un día mas trabajando allí. Yo no estaba loco, estaba llevando acabo mi investigación que necesitaba. Aunque fue por un solo día, entraron a trabajar otros familiares y conocidos y pudieron comprobar todo esto que te narro. Para mi suerte, mi hermana empezó a trabajar en el turno de la mañana y pudo comprobar que era un poco diferente en ese turno. Dure casi siete meses en este trabajo. Después de convertirme en el mejor empaquetador de la compañía, lo que derramó mi paciencia fue que en la hora del descanso llame como de costumbre a mi señora. Resulta que se le habían olvidado las llaves de su auto y de la casa dentro del mismo auto y no tenía manera de entrar a la casa. Como yo tenía copias en mi poder, le dije que no había problema, que llamara a alguien, para que le diera un aventón hasta mi trabajo y que yo le daría mis copias. Ella llamó a mi hermana, y llegaron una hora mas tarde cuando la producción ya había comenzado. Al pedirle permiso a Tom para salir a entregarle mis llaves, ¿saben cual fue su respuesta? Fue la misma que la primera vez, exactamente igual que meses atrás. No me podía mover hasta que encontrara a alguien que me reemplazara. Lógico que esa misma respuesta me la había dado más de 30 veces en el período de esos meses, así que no era tan tonto y menos capaz de hacer esperar dos horas a mi señora que incluso también había trabajado allí, y en mi mismo horario, así que, ella sabía lo que me estaba esperando. Ella estaba tranquila pues me conoce muy bien, le dije que viniera por que yo iba ha salir con las llaves en el momento que llegara, quisiera el supervisor o no, lo tenía que hacer, y así fue. Me salí de la compañía y le dije vamos, total ya sé que si regreso, Tom se pondrá furioso y ¿sabes qué? tatara de mortificarme hasta que deje el trabajo, así que para que esperar, total ya había logrado lo que quería saber de lo que estaba pasando en ese trabajo y tener una historia para hoy contártela a ti. Jamás entenderé porque puso mas interés en la producción que en sus trabajadores solo él sabrá porque. La producción de ese famoso jugo era el infierno de esos dos trabajos que tenia.

Por otro lado, la producción de la medicina era el cielo. Se preocupaban más por el trabajador que por la producción. Desde que llegabas, ya estaban los uniformes limpios y colgados esperándote. Hacían reuniones una vez al mes sobre la seguridad, y hasta tenían su propio restaurante y los supervisores eran súper amigables. En la otra compañía de producción, durante esos siete meses que trabaje allí, nunca hubo una reunión, todo era producción y más producción. Decían que el jugo era una bebida para proteger y cuidar la salud. Si eso es verdad, deberían empezar por cuidar la de quienes la producen, pues el abuso y la explotación estaban presentes en las botellas que me toco empacar. De todas maneras, de verdad mil gracias por haberme dejado trabajar en esa compañía y por haber logrado aprender algo.

Lo más duro es que deje de trabajar en la producción y a la misma vez despidieron personal en el cielo. La compañía de medicina me despidió y me quedé en el aire. Así que ni modo, a seguir buscando nuevas oportunidades. Anduve por otros lugares como en una lonchería, y otras compañías de limpieza, hasta que mi amigo Gustavo Herrera "El Peruano" y gran jugador de fútbol me dijo que en la compañía de pintura donde trabajaba, me podían emplear. Dure poco más de un mes, pues aparte que esa compañía pagaba muy poco el trabajo de pintura, el cual yo ya había hecho antes, me sentía medio mal después de ganar $16 dólares la hora. Como ayudante de pintura, me pagaba $8 o sea la mitad. Aparte del insoportable mal ambiente que allí se respiraba, por el mal y despreciable trato del encargado del personal un tal Luis. Sin conocerme ni saber nada de mi persona, cuando después de un mes le dije que yo pensaba que 8 dólares la hora era muy poco para mí, su humillante respuesta fue que él pensaba que estaba bien para mí, pues según él yo no hablaba ingles, no tenía mucho tiempo en el país y además no me podía quejar debido a lo poco que sabía. Me salí de la oficina y no regrese más. Después de un tiempo me entere que lo habían botado como perro del trabajo a este personaje Luis, aún así no le hubiera deseado eso y por el contrario, le doy gracias por darme al menos la oportunidad de haber trabajado ese corto tiempo en esa compañía. No le tengo rencor y le deseo lo mejor de todo corazón para él y toda su familia. A veces nos falta aprender nuevas cosas y actuamos de acuerdo a nuestra ignorancia pero nunca es tarde para aprender. Le deseo lo mejor a Luis y de verdad le doy mil gracias por haberme dado ese trabajo. Seguí buscando oportunidades y en menos de lo que canta un gallo, vi un anuncio que necesitaban trabajadores para hacer trabajo de exteriores lo que en USA se conoce como "siding", de la cual si al menos no era un experto sabía algo. Lo bueno de ese trabajo es que pagaban bien, y daban buenos bonos al menos era lo que el cartel decía. Fui a hablar con el jefe de la compañía que a la vez resulto ser el dueño de la compañía. Le dije que yo sabía de ese trabajo y me dijo que si quería podía empezar desde ese mismo momento. Pienso que siempre debemos pensar en la gente que nos ha dado la mano por más pequeña que parezca. Si algún día alguien te ayuda, trata de retribuir esa ayuda. Así lo pensé y llame a mí amigo Gustavo Herrera y le platique de la oportunidad de este nuevo trabajo. Como él tampoco estaba satisfecho en su trabajo de pintura decidio trabajar a mi lado en esta nueva compañía. ¿Y sabes que? Vino él y cinco amigos más que también estaban inconformes con esa compañía. Empezamos a trabajar y nos dividimos en dos grupos, uno de tres y otro grupo de cuatro. Las primeras semanas no teníamos ni siquiera la tercera parte del equipo necesario para poder iniciar este trabajo, para el cual se necesitaba tal vez una inversión total de $10,000 dólares. No podíamos ganar mucho pues ninguno de los dos grupos invertía nada en equipo. Mi primer cheque fue de $150 dólares, sí, ciento cincuenta dólares a la semana. Sabes que yo veía los cheques de los otros que trabajan en la misma compañía que yo, y hacían el mismo trabajo, y sus cheques eran de mil dólares para arriba. Que cosa, dije, esto no puede ser, me pregunte ¿por qué ellos ganan tanto y nosotros tan poquito? La razón y la diferencia era que ellos tenían todas las herramientas necesarias para hacer el trabajo y nosotros nada. Lo poco que teníamos era prestado y eso por que algunos familiares y amigos me habían prestado escaleras. De todo el grupo, solo uno tenía camioneta y el resto no teníamos nada, yo conseguí las escaleras pero aún necesitábamos una inversión mínima de $10,000 dólares para conseguir mas equipo. Esto en realidad era muy difícil, si ninguno de los siete aparte de mí, quería invertir un solo dólar. Yo sabía que esta era mi oportunidad que andaba buscando, pero el grupo que traía, tenía una manera diferente de ver las cosas. Solo querían ganar sus 300 o 400 dólares semanales y no querían arriesgar nada. Después de un mes, todos, con excepción de Gustavo, regresaron a la misma compañía, a desempeñar el mismo trabajo de pintura con tal de ganar igual, sin tener que invertir nada. Le propuse a mi amigo Gustavo, y le dije que esta era una buena oportunidad para los dos, solo teníamos que invertir algo de dinero. Claro como el pobre estaba más fregado económicamente que yo, lo intentó. Le pidió prestado $1,000 a un amigo, yo tenía cierto dinero ahorrado, tal vez $3,000 pero igual me faltaban casi otros $4,000 para estar igualmente equipados que esos que ganaban los mil dólares semanales.

Así que también tuve que superarme, y poco a poco, fuimos subiendo de $150 a $200 hasta trescientos, recuerdo que el último cheque de Gustavo era de $600 dólares a la semana. Claro, entiendo que él tenía que pagar el préstamo de los mil dólares, aparte proveer para su familia y miles de inconvenientes más. Sabía que el dinero no le alcanzaba para nada, eso se le hacia poquito. Que ironia ya que en la otra compañía ganaba menos y vivía feliz. Al fin del segundo mes decidio irse. Aparte que me dejó una deuda, me dejó también con un 50 por ciento de trabajo pendiente de esta compañía por el cual ya habíamos cobrado.

Visualize por mas que todo parecia adverso una gran posibilidad para hacer dinero, pero claro primero habia que saldar las deudas. Le consulte sobre esta opcion de inversion en este negocio y de todos sus riesgos a la gran mujer que tengo por esposa, y recibi mucho más que apoyo y animo para seguir adelante.

Lo principal era salir rápido de las deudas de los equipos de trabajo, asi todo sería mejor para nosotros. Mi mujer y yo tuvimos que vivir un poco ajustados y de nuestros ahorros por unos cuantos meses. La mayor parte de lo que trabaje los primeros 6 meses fue para cubrir la inversion, lo poco que sobraba sumado al sueldo de mi esposa era para sobrevivir.

Casi todos los que empezaron conmigo en este trabajo regresaron a la misma compañía, con excepción del "Moreno de Oro" como yo le digo a mi amigo Marcos Cárdenas. Él después de un tiempo de andar por allí al lado de los otros que hoy siguen trabajando para la compañía de la cual un día decidieron renunciar, me llamó y me dijo que si le daba otra oportunidad de trabajar conmigo. Claro que se la di, hoy sigue trabajando no para mí, sino conmigo, no suelo utilizar esa palabra de mi trabajador, mi chalán o mi empleado, es un trabajador fiel a mi lado mas que cualquier otro compañero de trabajo que he conocido. Gracias Marcos Cárdenas por seguir a mi lado. Hoy día, tiene su propia camioneta que nuestra pequeña empresa le ha proporcionado. Digo nuestra por que si sigue apoyándome no me queda mas que compartir mis triunfos, con los que están a mi lado.

Hoy día, tengo 8 autos que aunque no sean del año son propios, y tengo más de $20,000 dólares invertidos, y seguimos para adelante. De verdad no se como les va a los otros compañeros, pero casi siempre escuchó que no les va muy bien, algunos hasta el título del único auto que tienen, lo tienen empeñado. Ya pasaron años, y el resultado es que siguen igual o peor. A todos ellos les quiero agradecer por todo y les deseo lo mejor, sólo recuerden que quien no arriesga no gana. Por mi parte, mi tráiler donde vivo ya esta pagada y aunque no sea costosa, también ya es propio. Cuento también con varios miles de dólares ahorrados, y oro que he comprado. Por eso aprovecho estas líneas para agradecer a Nortons y RJL una compañía de acabado de casa en el área de construcción que me ha ayudado y apoyado en todo hasta el día de hoy, aunque sé que no estaré mucho tiempo con ustedes pues lo mío es otra cosa. Aún así, mil gracias por ese buen ambiente que se siente al trabajar para ustedes. Ese buen ambiente respetuoso y amigable. Desde que entras a la oficina, se siente un gran recibimiento de la secretaria Silvia, una persona mayor pero con un gran tacto para atender a los trabajadores. Al dueño de la compañía Rick que a pesar de ser el dueño, es un trabajador igual que todos, gracias por preocuparte siempre y por mantener con trabajo a tus empleados. También admiración y respeto a Jeremy Estrada nadie lo podrá discutir, qué tiene una manera exacta y precisa para mandar a la gente, con respeto, decisión y mucha seguridad al ordenar. A Ryan, el encargado de distribuirnos el trabajo a cada uno de nosotros, de no ser porque es el hijo del dueño le diría a su padre Rick, que él fue el culpable de tanta perdida de dinero en combustible para mis autos por no darme las casas que ya estaban listas para iniciar mi trabajo. Resulta que en varias ocasiones, al llegar al lugar de trabajo, ni siquiera estaban comenzadas las casas, y nuestro trabajo era casi al final. A Brandon, el traductor y el puente de comunicación entre casi todos los hispanos para poder hacer posible la comunicación con los dueños directamente. Que curioso, este amigo americano también tiene su sueño de llegar al millón. En su oficina, tiene apuntado en un papel su meta. Lo ve a diario, casi 8 horas. Sé que lo logrará. Al encargado del almacén, el señor David el más educado y carismático que he conocido. No se como se las arregla para abastecer a tanta gente con todos sus productos. Gracias a todos los de esta compañía, desde los dueños hasta él ultimo trabajador. Una de mis mejores experiencias es haber trabajado para ustedes.

A veces uno tarda un poco en madurar acerca de que es lo que le conviene y donde puede tener mejor porvenir y ganar más. El motivo lector de porque te relato sobre mis trabajos, es para que te des cuenta de algo. Sé que de seguro has estado o estarás pasando por cosas parecidas a estas. De no ser que estemos preparados para reconocer las oportunidades jamás las veremos, las dejaremos marchar al igual que lo hicieron todos estos amigos míos del trabajo.

Ahora analicemos juntos lo que paso aquí. Si mis compañeros de trabajo me tuvieron confianza y siguieron, ademas estaban inconformes en la compañía de pintura ¿Por qué regresaron a su antiguo trabajo? ¿Por qué si sabían que en la construcción se podía ganar más dinero ya que habían visto los cheques de los otros trabajadores, se regresaron al trabajo del cual renunciaron?

Primero, ellos no querían invertir dinero que no tenían. El trabajo, era casi un 70 por ciento igual, lo único diferente es que la otra compañía te ayudaba prestándote algo de herramientas pero sólo te podía pagar por hora. Me he dado cuenta también por mi experiencia que es mucho mejor que te paguen por el trabajo que haces, que por hora en cualquier trabajo.

Segundo, ellos se sentian seguros con lo que ganaban por lo cual su capacidad para arriesgar era nula.

El tercer motivo es que ellos quebrantaron su estado de conformidad. Si, pese a todo, ellos estaban ganando menos pero estaban cómodos, quebrantaron ese sentimiento de conformidad por un corto período y no les gusto, y automáticamente regresaron a su estado de conformidad que les daba el trabajo anterior. Aunque no estaba bien ese trabajo por ningún lado, aparentemente ellos se sentían cómodos allí.

Este es uno de los factores por el cual nosotros, que queremos llegar a dar un cambio y mejorar nuestra condición económica, tendremos que estar dispuestos a quebrantar nuestra conformidad. Imagínate, que sería de este mundo, si nadie estuviera incomodo con lo que gana. ¿De donde saldrían los negocios, los ricos, los inversionistas y todos esos millones de personas que desean ganar más? Por otro lado tenemos a los que están cómodos con lo que ganan, si no existieran, no hubiese trabajadores que empiezan ganando cierta cantidad y casi mueren ganando lo mismo o sino un poco más. No sé si té ha pasado a ti lector, pero yo conozco gente que ha trabajado por mas de 10 años en el mismo lugar, no quiero decir que esto sea malo, no para nada, si ellos piensan que están bien, pues que bien por ellos. No debería ser nuestro caso, si queremos buscar más riquezas. Si piensas que lo lograras del trabajo a tu casa y de tu casa al trabajo, pues entonces, sólo debes pedir un milagro a ver si algún día en ese trayecto encuentras una fortuna. De todos los que han logrado acumular grandes fortunas, no he conocido ni he leído que ha alguien le haya sucedido exactamente así, encontrarse una fortuna en la calle rumbo al trabajo. Las oportunidades siempre están allí, el problema es que no las sabemos reconocer. Si nuestras mentes están cerradas o pequeñas, solo tenemos pequeñeces en nuestras vidas. Cuando nuestra mente esta abierta o grande sólo grandezas vendrán para nosotros.

Algunas de mis anteriores amistades, se sentían felices sacando a sus hijos cada cierto tiempo a disfrutar de unas buenas hamburguesas. Esa era la manera más grande de compartir en familia. Un día le pregunte a uno de ellos si no se cansaba de darle a su familia hamburguesas del McDonald's o Burger King cada que salían a comer afuera. "No", me dijo, "a veces nos vamos a Taco Bell o si no a Kentucky Fried Chicken". Imagínate ya tenía programada a toda la familia con la tarifa del pedido, si querían salir a cenar fuera, no podían pedir más de 5 dólares por persona. Magnífico para este excelente padre. No quisiera de verdad que ese fuera mi caso y de hecho no lo es. Cuando saco a mi pequeño rebaño de sobrinos para disfrutarlos por un día, me encanta llevarlos al circo, al cine, a las playas, o lagos de las diferentes ciudades que hemos visitado, claro que al final siempre piden las benditas hamburguesas. Mientras tú estas pensando en darle hamburguesas a los tuyos, el vecino tiene el sueño de llevarse a los suyos a Disney, de darles estudios, o de dejarles de herencia una buena fortuna. No hay que buscar tan lejos, cerca de ti hay alguien que tiene grandes metas, y con pensamientos y metas diferentes a las tuyas. De esa gente tenemos que rodearnos si queremos hacer un cambio en nuestra vida, de gente que tenga igual que tú en cualquier aspecto un sueño de grandeza. Imagínate si entre 10 amigos desde pequeños de 9 o 10 años se hicieran la promesa de que a los 25 años cada uno tendría que haberse comprado un auto del año en efectivo. Si todos le pusieran el mismo empeño a ese compromiso, de seguro que la mayoría lo lograría. Té pongo este ejemplo por que sé que te parecerá tonto. De la misma manera nosotros podemos hacerlo desde ahora. Reúnete con gente que tenga metas, propone seleccionar tus amistades y si de una lista de tus 60 mejores amigos encuentras que sólo 5 tienen metas y quieren salir adelante pues marca con una x a los 55 restantes. Poco a poco aléjate de ellos, y nuevamente trata de incrementar tu lista de 55 nuevos amigos, que valgan la pena. Esto suena cruel yo sé, pero quiero que entiendas lector que él que no tiene nada, ni siquiera un sueño, jamás te dejará dormir con tal que tú no logres el tuyo.

Una de mis mejores recetas que utilice, es que cambio a un supernegativo amigo por uno mas positivo. Del mecánico que acaba de abrir su taller hay algo que aprender allí, aunque sea aprender como se sacan los permisos. El dueño del restaurante que abrió sus puertas en tu localidad, el joven que piensa ser doctor y observas que hace todo el esfuerzo por lograrlo. El que desea ser campeón, aquel que trabaja y a la vez estudia en la universidad. En fin, hay centenares de gente nueva que podemos cambiar por nuestras antiguas amistades, que a veces sólo te brindan cosas negativas. Y si ninguno de todos tus amigos crees que tiene una meta, abre la puerta inmediatamente y aléjate. Suena duro pero así de real tiene que ser. Podemos encontrar miles de oportunidades al hacer una nueva amistad que valga la pena. Si el vecino piensa que sería un gasto en vano que lleves a tus hijos a Disney es simplemente por que él ya se resignó a que nunca llevará a los suyos. No hace nada por lograr ese sueño, imaginemos que los gastos de disfrutar de unas vacaciones con tu familia a ese maravilloso lugar, sería un total de $10,000 dólares. Si $10,000 mil dólares, estés en el país que estés, en cualquier parte del mundo, o por lo mucho $15,000. Ahora imaginemos que nuestras mentes ya cambiaron, nuestra manera de pensar ya se transformó y nuestro "yo" interior ya esta nivelado con él "yo" exterior, ya aprendimos a ahorrar y ya sabemos reconocer las buenas oportunidades. En unas de esas oportunidades ganaste $25,000 dólares. Sabiendo que el gasto de las vacaciones es de $10,000 mil dólares y que aparte de todo, después de disfrutar esas hermosas vacaciones te quedan $15,000 o más para ahorrar, ahora te pregunto: ¿Llevarías a tu familia a esas deseadas vacaciones? La respuesta es tuya. Ahora saca la conclusión tu mismo. ¿Por qué piensa el vecino que ese sería un gasto inútil? ¿Fácil verdad? Ya estamos aprendiendo. He tenido amistades que nunca han estado dispuestos a correr ningún riesgo, menos aún si es de dinero. Imagínate, si con tanto esfuerzo lograste reunir $200, y se te presenta la oportunidad de invertir esos $200, lógico que la mayoría no estará deseoso de correr ese riesgo. Si todos nos dedicáramos a dejar pasar las oportunidades tan sólo por no querer correr el riesgo, jamás aprenderemos más, nunca tendremos nuevos amigos, y mucho menos disfrutaremos de viajes placenteros. Imagínate estos pequeños detalles si no se hubiera corrido un poco de riesgo:

- ¿Crees que el hombre hubiera llegado a la luna?
- ¿Crees que hubieras nacido?
- ¿Crees que hubiera deportistas?
- ¿Crees que hubiera artistas?
- ¿Crees que hubiera políticos y presidentes?
- ¿Crees que hicieran olimpiadas?

- ¿Crees que hubiera esos fabulosos mundiales de futbol?
- ¿Crees que habrían soldados?
- ¿Crees que habría inversionistas?
- ¿Crees que hubiera predicadores del evangelio?

Sería interminable la lista si pudiéramos seguir agregando. La vida esta compuesta de riesgos y en el transcurso de nuestras vidas ya no queremos correr más riesgos.

Recuerda: En toda acción donde haya que correr un riesgo por ganar algo mejor, vale la pena correrlo, dentro de todo parámetro legal de buena conducta y moral.

> Para cazar nuestras oportunidades con las mismas habilidades y éxito de un león, primero hay que prepararnos como un león.

De 0 en 0 Hasta el Millón

Capítulo 5

Económicamente, el vivir sin dinero o con poco dinero trae malas consecuencias. Por propia experiencia sé que el estar en lo mas bajo de la calamidad económica es lo peor. Lo peor porque es estresante, frustrante, vergonzoso, y desesperante.

Hay gente que vive aparentemente bien, gente que hasta parece millonaria. Pensamos que por que tienen un buen auto, una buena profesión, una buena casa, aparentemente no les falta nada, pareciera que les va bien. La mayoria medimos las riquezas por lo que vemos, sin saber que en realidad no tienen nada. La realidad es que la mucha de esta gente no son dueños de nada, es como si todo fuera rentado. El buen auto, la buena casa, la lancha estacionada fuera de la casa, los muebles y hasta la ropa fue adquirido con crédito. Al llegar a fin de mes, se dan cuenta que gastaron mas de lo que ganaron. Por más que estiren el sueldo, no pueden cubrir todos los gastos, y tienen que recurrir a más crédito. Dentro de todos estos artículos y propiedades que ellos tienen hasta el trabajo es rentado, ya que nadie está seguro en su trabajo. Ahora me pregunto, ¿qué pasaría si estas personas dejan de trabajar por algunos meses? ¿podrian cumplir con estas deudas?. Lo más seguro es que no y quizas empezaria su crisis financiera.

Es mejor aprender y tratar de evitar ese camino al que nos lleva el crédito en exceso. Esto no es algo que se pueda cambiar de la noche a la mañana ya que hemos programado nuestra mente así. Cuando vemos a las personas con buenos autos, suponemos que deben estar bien. Si vemos a alguien que compró una casa, pensamos que le va muy bien, sin pensar primero cuanto pagará al mes por ese auto o esa casa.

Yo pienso que el verdadero lujo es cuando te regalas un auto comprado en efectivo, el que quieras, no importa su valor. Si te lo propones, te lo puedes regalar, usando un auto normal, no tan viejo y el pago mensual ahorrándolo, al cabo de cuatro a cinco años puedes contar con el efectivo para comprarte uno mejor o un cero kilometros. Hacerlo es fácil y sé que es difícil que me lo creas.

 Por ejemplo, si te propones a ti mismo que puedes y debes ahorrar para comprarte ese auto del año en efectivo en un plazo de tres años, trata de desarrollar o establecer un plan.

Primero hay que pensar en la meta, el auto del año. Segundo, practicar mucha disciplina, ahorrar el dinero necesario y respetar ese dinero sin encontrar excusas para usarlo en otras cosas. Tercero, mantenernos bien enfocados en lo que queremos, teniendo desviaciones a mitad de camino. Ahora te pregunto lector, ¿crees que es fácil o difícil?

Respecto a la casa, claro que todos queremos comprarnos una casa. La ilusión de esta casa es que sea grande para que nuestros hijos tengan más libertad, más comodidad, más espacio, y más seguridad. Este es el pensamiento de todas las amistades que conozco y muchos de ellos se compraron la casa, para pagarla tal vez en treinta años. Lo incomprensible para mí, es que todos me decían compraré la casa para tener mas libertad, mas espacio, mas seguridad, y ¿qué paso? Se compraron la casa casi todos los que conozco y sin embargo tienen que compartir su casa con gente a veces extraña para ellos con tal de cubrir el pago mensual de la casa. ¿Dónde quedo la libertad de la cual me hablaron para sus hijos? Al compartir la casa con extraños tienen que reducir el espacio que utilizan o un menor porcentaje para que los inquilinos lo compartan. ¿Dónde quedo la comodidad y el espacio más grande que querían? Ahora, a veces con la misma familia es difícil convivir, me imagino lo incomodo que será vivir con extraños. Hablando de seguridad, no sé que tan seguro sea vivir con alguien que no conoces y no saber nada de su pasado. Si tan solo consideras la cuota mensual para poder ayudarte con el pago de la casa, eso, para mi no es seguridad para tus hijos. ¿No crees que algo estemos haciendo incorrectamente? Esto no es lo que deseamos pero lo practicamos.

Voy a compartir una experiencia de mi niñez que me enseño buenos habitos pero que con el pasar del tiempo los fui perdiendo poco a poco.

Recuerdo cuando yo era niño entre los nueve ó diez años, debido a la falta de dinero en mi hogar tenía que ingeniármelas para poder trabajar y ayudar en algo a mi madre. Trabajé ayudando en una panadería, en la jardinería, y luego decidí crear mi propio negocio. Imagínate, yo con tan solo 9 años con unas ganas tremendas de hacer mi propia empresa, y así fue. Había cerca una fábrica de galletas, las galletas que salían partidas las almacenaban y luego las remataban en bolsa grande, tal vez de 10 o 15 libras. Tuve la gran idea de comprar las bolsas grandes y luego las dividía en varias bolsas más pequeñas y me rendían muchísimas bolsas más. Repentinamente, y como por guía divina, se me ocurrió otra idea. El plan era este, ir uniformado de escolar a diferentes escuelas, y lo primero que hacia era pedir permiso para hablar con el director de la escuela. Después le pedía permiso para ir de aula en aula ofreciendo mis galletas a todos los alumnos, con la finalidad de recaudar fondos para mi fiesta de graduación. Dios sabe que fue una buena estrategia ya que jamás un director me dijo que no. Ahora imagínate, yo de 9 años dando mi discurso en plena aula de 40 a 50 niños para que los alumnos compraran mis galletas y a la vez invitarlos a mi escuela. Si necesitaban nuestra colaboración haríamos lo mismo para ayudarlos, todo era cuestión de solidaridad entre escuelas. Así que mi primera venta fija y segura en cada aula sería empezar por el profesor, quien debería dar el ejemplo ¡genial! Siempre empezaba con mi primera venta, a sí que te podrás imaginar que siempre me fue bien en ese negocio, desde el inicio ya era ganancia para mí. Lo difícil y más duro recuerdo en ese negocio era dar mis discursos frente a un salón solo de niñas, y yo allí parado con mi bolsa de galletas frente a tantas damitas, ¡qué horror! lo bueno era que lo podía superar. Y así fueron pasando los años y yo siempre con mi misma estrategia de levantar fondos para nuestra graduación. El problema es que nunca me gradúe, no termine mis estudios. Que gran alegría me daba regresar a mi casa con mis bolsas del pantalón cargadas de dinero, poder ahorrarlo y compartirlo con mi madre. No se podían comparar mis sentimientos, eran mucho más fuertes que los nervios que sentía al estar frente de la gente dando mis discursos. Siempre vendía por las mañanas y estudiaba por las tardes, que gran negocio fue. Tuve que cerrar mi empresa cuando mi hermano mayor me prohibió seguirlo. Lo chistoso es que me obligó a retirarme del mercado en contra de mi voluntad y su ayuda para continuar mis estudios hasta hoy la sigo esperando.

Cuando decidí emigrar a Estados Unidos mi capital era tan sólo de 300 dolares, pensé que sería suficiente y hoy te puedo decir lo equivocado que estuve puesto que el no contar con más dinero hizo que tardara casi 4 años llegar aquí.

Cuando llegue a los Estados Unidos lo primero que me di cuenta en este hermoso país era que todo te lo daban a crédito. Era impresionante para mí todo lo que se podía comprar en crédito, desde un televisor, un auto y hasta la ropa la podía obtener en crédito. Era otro mundo, recuerdo que en las afueras de mi escuela en mi país vendían dulces y helados y por mas que yo le rogaba al vendedor, jamás me fió ni me dio crédito. Ahora llegar aquí y tenerlo todo así de tan fácil, sin un centavo, era increíble. En menos de un mes ya tenía mi cuarto equipado, tenía buena ropa y en un corto tiempo hasta mi auto. Todo era felicidad, lamentablemente, esa felicidad solo me duro unos meses. Cuando empezaron a llegar los cobros era un tormento. Aunque trabajase tres trabajos no podía ganar lo suficiente para cubrir esos pagos. Si me hubieran recolectado todo lo que me dieron a crédito en esa época, la verdad que hasta desnudo me hubieran dejado en la calle por así decirlo. Sabía que eso no me pasaría ya que tenía el apoyo de mi gran hermano mayor Nick y él estaba dispuesto a tenderme la mano. Caí en el sistema en el que la mayoría a mí alrededor habían caído y no pude salir. A mi manera de pensar, el crédito es lo peor que uno pueda obtener. Ahora sé que lo único que puedes obtener con crédito es deudas y más deudas y ¿sabes que? Aparte de hipotecar tu casa, no hay nada, ninguna otra cosa por la cual deberíamos endeudarnos. Esa lección ya la aprendí, y también aparte de esto pienso que si compramos algo con crédito es muestra de que estamos en quiebra. No hay ahorros y mucho menos un buen flujo de efectivo.

Debido a mi pésima situación y mi súper arruinado crédito no podía sacar nada a crédito. Estaba acorralado por todos lados.

Así que dije ¡ya basta!, me dije estas palabras mágicas y me puse a buscar una solución. Aparte de empezar a pagar todo, empecé a educarme también en cuestión de lo económico por medio de libros, seminarios y presentaciones que asistí. Aprendí que los grandes empresarios millonarios a través de sus poderosas empresas financieras o bancos, han creado el mejor sistema para poner a trabajar su dinero. Te lo voy a tratar de explicar brevemente. Debido a este sistema, los grandes millonarios se encuentran en Cancún, Hawai o en cualquier otra parte del mundo disfrutando sus vacaciones mientras que su dinero esta trabajando por ellos solucionándole los problemas económicos a la dase media por medio de préstamos. Después, es la misma clase media quien lucha entre sí para recuperar el dinero del millonario, [me refiero a sus empleados que se dedican a la cobranza y recuperación de dinero.] ¿Te das cuenta? El juego es fácil de entenderlo, mientras tú y yo nos matamos trabajando por el bendito dinero, ellos ponen a trabajar su dinero y a la vez nosotros estamos trabajando indirectamente también para ellos. Ya basta ¿no crees? Si tú como persona, o como pareja no pueden vivir sin las tarjetas de crédito no hay problema, ya tengo la solución ahora para ti ya que he creado una nueva tarjeta de crédito exclusivamente para ti y los que estamos buscando el cambio. Solo que ahora debemos de pensar diferente ya que vamos en busca de la riqueza y de una mejor economía. Podrías implementar esta nueva tarjeta de crédito para tú utilización y sé que será la mejor que jamás hayas conocido hasta el día de hoy. Nosotros la empezamos a utilizar desde el primer día que la sacamos al mercado, ¿y sabes que? Lo bueno de esta idea es que tu mismo serás el presidente de tu banco. Tu esposa puede ser el gerente, y es mejor cuando podemos trabajar juntos. Lo primero que hicimos fue crear un fondo de mil dólares. Si se puede más, mucho mejor. Una vez que hayas juntado tu fondo, ponle el nombre que quieras a tu tarjeta. Esa será tu tarjeta de crédito o la familiar. Puede ser por ejemplo, José visa o los Gonzáles visa, ponle como quieras pero utilizala cada vez que decidas comprar algo con crédito. Nosotros teníamos que comprar esta computadora y como no queremos sacar nada a crédito, sacamos $200 de nuestra visa familiar. Al fin de mes, tenemos que reponer $220. Imagínate, todo el interés va para tu propia tarjeta de crédito. Crece rápido y sobre todo, te evitas ese cargamento de correo que te llega a casa con los exagerados cobros y los intereses que cobran. Una ves que lo pones en practica, te va gustar. Por donde le busquemos es mucho mejor y te ahorras mucho dinero, tiempo y papeleo que al final solo se convierte en basura. No es difícil intentarlo, ya estamos cambiando nuestras mentes, recuerda que ya nuestra manera de pensar tiene que ser diferente y puedes empezar a ser un inversionista desde ahora.

La verdad que aparte de ahorrar, te darás cuenta del poder del dinero en efectivo y cuando es tuyo, parece que automáticamente se vuelve mucho más poderoso. Las cosas que querías comprar a crédito también se vuelven mucho más baratas con tu propia tarjeta de crédito visa. Por ejemplo, si compras un carro a crédito, por $18,000 dólares, mas los intereses, acabaras pagando por lo menos $23,000 dólares. Sin embargo, si tu tarjeta visa tuviera el fondo de $16,000, ¿qué piensas que te diría el vendedor si le ofreces $16,000 en efectivo? ¿Te lo vende a ese precio o no? ¡Claro que sí! ¡Y tú te ahorras $7,000! Recuerda esto lector, el precio lo pones tú, no la tienda, ellos por vender al contado no te imaginas la cantidad de dinero que puedes ahorrar y tu gerente se sentirá feliz cuando vea crecer su capital.

En conclusión, ya no tires mas tú dinero dándole más al que ya tiene. A partir de este momento, datelo a ti mismo, que los dos sabemos que lo necesitamos más. Después de escribir estas líneas, se me viene a la mente un comercial de una consejera financiera que vi esta mañana, donde su gran consejo era que a partir de los 17 años ya deberíamos enseñar a nuestros hijos a manejar las tarjetas de crédito. Imagínense que gran consejo desde temprano enseñarle a los jóvenes como utilizar el dinero de otro, o mejor dicho enseñarles a endeudarse desde temprana edad. Gran consejo ¿no crees? Y como no iba a dar este consejo la consejera si al final del comercial decía, patrocinado por el banco tal y tal. Esta es una muestra más que uno de la clase media trabaja para que los mismos de la clase media empiecen a trabajar el dinero de la clase alta. No esta mal, desde luego ya que estoy aprendiendo los secretos de como hacen dinero los que ya tienen dinero. Los admiro y los respeto mucho y hay mucho que aprender de ellos.

A mi modo de pensar, hay solo dos tipos de deudas: 1). Deuda problemática 2). Deuda para invertir.

- Deuda problemática es la que tomas solo para cubrir tus necesidades, y después a pagar como sea. Son muchos los que conozco que pagaban sus deudas con otras deudas y eso no sirve para nada.
- Deuda para invertir es aquella donde existe un alto porcentaje de probabilidad que vas a ganar. Tambien sirve como herramienta de inversión y valdrá la pena arriesgarse. Esto es para cuando aprendas y ya tengas buen olfato para las oportunidades. Conoceras mucha gente que ha hecho dinero así.

Creo a mi humilde modo de pensar, que una de las mejores armas para poder liquidar el mal hábito de las deudas, es empezar a ahorrar.

Recuerda esto lector y tenlo siempre presente: **"todo inicio de riquezas empieza en el ahorro"**.

Para poder medir de lo que somos capaces de lograr, para alcanzar la riqueza económica podemos fijarnos un termómetro personal. Inicia así, empieza a ahorrar desde ahora. Trata de lograr ahorrar solo 10 dólares, así de sencillo es, solo diez esta semana. No importa en que país vivas. Trata de ahorrar 10 pesos de la moneda que te corresponda, esa es la primera meta. Así de pequeña es, tenemos que empezar de poquito, no corramos sin saber caminar. Como segunda meta, auméntale un cero al termómetro. Si, ahora trataremos de lograr ahorrar los 100 dólares o pesos del país que sea, Yo sé que si estas trabajando lo lograras. De no ser así no hay problema, ingéniatelas para conseguirlo cuanto antes. Inicia desde cero [0] bueno trata de llegar a tu meta cuanto antes, ya que es mejor para todos. Una vez que hayas logrado ahorrar los cien dólares o pesos de tu país, viene la siguiente meta. Agrégale un cero más, y ahora ya son 1000 dólares o pesos. No permitas que el pensamiento negativo de "es difícil" reine en tu mente. Solo piensa que lo tienes que lograr y sé que lo lograras. Ya lograste ahorrar los mil, pues listo ya estas muy cerca de convertirte en un gran experto y disciplinado hombre o mujer nueva. Ahora hay que agregarle un cero más a nuestra nueva meta total. Un cero no significa nada. Por lo tanto ahora la meta es de $10,000 sí, diez mil dólares o pesos de tu país.

No permitas que nada ni nadie te desvié de tu camino ya que solo hasta que llegues a cumplir todas tus metas, podrás todavía sentirte más orgulloso. Y sabes que de verdad tú "yo" interior se siente más seguro de ti, hasta te admira mucho más que antes pues se han logrado emparejar y hacer una gran sociedad entre los dos. Sí, ahora tú "yo" interior y tú "yo" exterior son los mejores socios del planeta. Imagina que ya llegaste a la meta y como ahora tienes mucho dominio del ahorro, tienes mas visiones y más libertad para pensar y dirigir tus metas hacia donde quieres llegar. Pues ahora agrégale un cero más a tu meta. Ahora la meta es de $100,000, sí, cien mil dólares o pesos de tu país. No pienses que estamos locos, por el contrario, eres un sabio, eres un genio, y verás que si lo lograremos, no dejes que nada o nadie te saque de ese reto que tienes al frente. Este reto es simplemente uno más, a estas alturas, de todo lo que has logrado, es solo eso un pequeño reto más. Sé que algunos de nosotros lo lograremos antes que otros, pero ¿sabes qué? lo real es que si te lo propones lo vas a lograr, solo sigue adelante con tu visión. Mírate ahora con esa cantidad que te has propuesto y has logrado. Este es nuestro maratón artístico. Le llamo yo así, pues en vez de decir "en sus marcas, listos ya" digamos, "desde ahora, en sus marcas, listos acción". Si, es la acción y solo la acción la herramienta que nos lleva a lograr las metas. Sé que una vez lograda estos $100,000 le agregaremos un cero más y nuestra nueva meta será un millón. Exactamente un millón, recuerda que es un cero más. El camino más difícil será alcanzar bs primeros ceros. Los demás serán más fáciles ya que para entonces ya cambiaremos nuestras actitudes, pensamientos, y técnicas. Así todo esto será visto sin tanto temor y asombro si te preparas mentalmente.

Recuerda que una vez que aprendas todo acerca del dinero, será mucho más fácil $10, $100, $1000, $10,000, $100,000 y el resto tú decides hasta donde quieres llegar. Casi nadie le da valor a los ceros pero quiero que sepas que yo si, los veo crecer y me da gusto cuando aumentan. Aquí sigue un paso muy, pero muy importante del que te quiero poner bien claro las cosas. No confundamos nuestras metas con la avaricia, y la codicia. Nuevamente tengo que recurrir a mi lenguaje habitual contigo, no confundamos nuestras metas con lo ser codo, tacaños, o miserables como le quieras llamar. La vida hay que disfrutarla sin salirnos de nuestros objetivos. Cada meta lograda por más pequeña que sea hay que festejarla, cómprate algo, regálate algo, o si estas con familia, regálense algo por más pequeña que sea la meta lograda. Disfrútala con tus hijos, comparte tus pequeños premios desde ahora, vete o váyanse al cine. Salgan a comer, cómprense ropa, tomen unas buenas vacaciones, no sé, tú mejor que nadie sabe como disfrutar tu éxito. Tal vez yendo a comer al restaurante más caro, donde quieras, gasta y disfruta, date tus regalos a ti y a ese "yo" interior que se lo merece por lograr cada paso. Hay que dejar bien en claro de acuerdo al avance o la meta lograda que esa es la recompensa, no vaya ser que solo lograste reunir $100 y al festejarlo con los tuyos o si eres soltero festejarte a ti mismo, el gasto sea de $500 ¿sería ilógico esto verdad? Imagínate que yo logre ahorrar mi meta de $10,000 y al día siguiente me compro un auto nuevo de $18,000. ¿Qué tonto sería verdad?

Recuerda que jamás se debe tocar el dinero de la cantidad ahorrada. Para ser mas claro, si lograste ahorrar $1,000, esa cantidad jamás debe bajar, por el contrario, solo debe aumentar. Ya basta de andar por el mundo sin metas, así no llegaremos a ningún lado, y despúes siempre acabamos buscando a los culpables de nuestra miseria, por que no nos alcanza el dinero. ¿Por qué el gobierno no aumenta el sueldo mínimo? ¿Por qué no bajan los precios? Siempre buscamos una solución de nuestra pobreza fuera de nosotros mismos. Esperamos por ejemplo, que el jefe nos cambie de área para poder ganar más, cuando lo ideal sería decirnos, ¿dónde encuentro una área donde pueda ganar mas? Esperamos que algún día el gobierno aumente los salarios, sin pensar "si me gobierno bien, aumentaran mis salarios". Y la otra excusa que siempre escucho es "ojala que algún día cambie esta situación". Sabemos muy bien que nunca cambiará la situación si no hacemos nada por cambiarla.

Del cero donde estamos, podemos llegar tan lejos como no tienes idea. Pero la realidad es que, no me canso de repetir, que será bien difícil y casi imposible, si es que no aprendemos de los que ya están arriba, de los que ya pasaron parte del camino hacia la riqueza. Es igual si aplicamos la regla de cero más cero al millón. Nuestras actitudes ahora valen cero, pero igual que nuestras metas, tenemos que agrandarlas y fortalecerlas para nuestro bien. Si estamos en cero por ciento tratemos de reconocerlo y luego avancemos. Trataremos de subir un diez por ciento si cambiamos nuestra actitud. Esto abarca todo, como ser más positivos, tener más pensamientos buenos, dar más gracias, dar un cero más en nuestros trabajos, un cero más de amor a nuestra familia, un cero más de tiempo a nuestra religión, no me importa cual religión sea si eres creyente de un Dios que esta lleno de bondad es él mismo para todos. Demos un cero más en nuestras donaciones, demos un cero más de tiempo para nuestra familia, un cero más al pedir las cosas, un cero más al dar las cosas, un cero más para reflexionar, un cero más a cada acción que ayude a nuestro cambio. Esto será de mucha importancia.

Si este es tu primer libro de este tema, entonces ya no estas en cero, trata entonces de llegar a leer diez libros y así sucesivamente. Si aplicas esta regla a tu vida, todo será más fácil de lograrlo. Hay que lograr nuestras metas sin privarnos del gozo. Todo trabajo hay que hacerlo feliz, si no eres feliz en tu trabajo no serás feliz en ningún lado o mejor dicho, si no eres feliz en tu trabajo, que difícil debe de ser trabajar a tu lado, me ha pasado muchas veces tener que soportar gente que no es feliz.

> Cada paso hacia adelante es un espacio mas cerca hacia donde queremos llegar.

A Veces Pensamos que Hacemos Bien Cuando Realmente Estamos Obrando Mal

Capítulo 6

Yo en lo personal, admiro mucho a varios personajes. Por ejemplo, a la Madre Teresa, Don Francisco, Ricky Martín, a Chayanne, Oscar de la Hoya, Enrique Iglesias, Teofilo Cubillas, y el gran Hugo Sánchez. Existen más personas que podemos admirar por sus logros y sus triunfos. Esta gente que yo admiro ¿sabes que tienen en común? Lograron el éxito y lo mantienen, y cuando dejen este mundo, sus logros son los que quedaran grabados en nuestras mentes para siempre. Si nos ponemos a pensar un minuto, te darás cuenta que ha habido muchos artistas, deportistas, y otra gente que de la noche a la mañana lograron el éxito. El éxito vino acompañado de miles y tal vez de millones, los viste en la cumbre, y todo era maravilloso. Pero a unos, la fama, el dinero, el éxito les llegó y repentinamente se desaparecieron y no mas dinero, no mas fama, y poco sabemos de ellos. ¿Por qué? ¿Qué paso? Me lo he preguntado varias veces y hoy sé que paso con esas personas.

Mucha gente no se prepara, y no se da cuenta que antes de llegar a cualquiera de estos elementos o regalos de la vida, necesitamos estar preparados para recibirlos. No estamos preparados ni instruidos para saber como enfrentar la fama y la fortuna ni como compartir el éxito. De nada te sirve que la vida te regale un barco si no buscas un buen capitán que te enseñe a navegarlo. Si tienes la suerte de ser piloto y la vida te regale un avión, bueno así es muy diferente.

Yo admiro a la mayoría de estos grandes personajes, ya que comparten su éxito con mucha gente. La ayuda que brindan es mucho mayor de lo que te puedas imaginar. Creo que la gente favorecida por Don Francisco, desde directos y familiares son más que toda la audiencia de un sábado gigante. Un disco de Chayanne tal vez sea mucho más popular en cuestión de números que las ayudas que él ha otorgado, y él jamás hará algo para que el mundo lo sepa. Ya me imagino a Chayanne haciendo todo lo posible para que una de sus obras de caridad llegue a ser más popular que cualquiera de sus discos. Sin embargo han pasado varios artistas que así lo han hecho y ¿Qué paso? ¿Dónde están ahora? Ricky Martín no tiene nada que ver con la vida loca, pues su vida es bien cuerda, si no, sus obras de caridad dijeran lo contrario. A mi parecer, son más fuertes los puños que le pega Oscar de la Hoya a la pobreza, que los que le da a un contrincante. Enrique Iglesias tal vez no tenga el mismo talento que el padre, pero su carisma para con la gente es mucho mayor. A la Madre Teresa, te la dejo de tarea, busca y lee sobre ella al igual que de, Teofilo Cubillas y Hugo Sánchez.

Quiero compartir y reflexionar en algo contigo lector. Casi nunca he visto que la prensa, o sea, los reporteros se ensanchen con estos personajes que son tan admirados. No recuerdo ni una imagen de estas personas en aprietos frente a la prensa. Ahora hay que preguntarnos, ¿por qué será? Siempre que veo a estos personajes y miro sus sonrisas, pienso que tienen esa sonrisa en común. Para mí, sus sonrisas significan alegría total. Para mí, también demuestran una paz interna cual es difícil de poder explicar. En esa sonrisa pura, esta gente tiene bien definido lo que esta bien y lo que esta mal, se preparan en muchos aspectos de la vida. Pienso que aquí hay mucho que aprender de ellos. ¿Cuál es su secreto? ¿Por qué se mantienen siempre en la cima?

Como un buen ejemplo sobre el bien y el mal té compartiré un concepto mío y de nadie más. Ningún director ni productor de televisión me ha asesorado, aparte que no tengo ni una relación con ninguno de ellos hasta el día de hoy. A alguien que por muchos años he admirado y la sigo admirando mucho es Cristina Saralegui, por que a mi parecer es la mujer latina que abrió el sendero para otros Latinos dentro de la televisión hispana en los Estados Unidos. Es la reina de los "talk shows" en español. Para mí es un icono, un símbolo para que me entiendas mejor. Bueno, Cristina tenía o tiene su programa en Univision, por muchos años fue el programa con mayor audiencia dentro de su horario en español. Años atrás, la cadena de televisión Telemundo intentó ganarle o a lo menos compartir algo de esa audiencia. Recuerdo que uno de tantos programas que le salieron al frente se llamaba, "Él y Ella". No fue suficiente, así que luego sacaron "La Corte Del Pueblo", no fue un buen contrincante, también le pusieron una novela y nada resulto. Recuerdo que fueron varios intentos pero ninguno les daba resultado. No sé de quien fue la idea que tal vez con un programa casi como caído del cielo podrían ponerle frenos al programa de Cristina. Resulta que repentinamente salió el programa del Padre Alberto en el mismo horario haciéndole competencia a su amiga Cristina. Admiro al padre ya que son muy pocos curas con esos pantalones o mejor dicho con esas sotanas bien puestas con tal de desafiar a cualquiera en nombre del bien. Tal vez lo hizo en nombre de sus feligreses y con la única intención de contar con un apoyo económico mayor para su iglesia así es que de verdad lo admiro. Lo cierto es que ni ese programa tan positivo y lleno de mensajes de amor y de paz logró sacar a Cristina del "rating", en los Estados Unidos. Repentinamente el último intento llegó y no sé de donde pero de un momento a otro sacaron a mi paisana Laura, para darle competencia a Cristina. El programa de Laura contiene mucha violencia y está lleno de infidelidades, traiciones, golpes y abusos donde claramente parecía todo armado y no dudo que así sea. También tenemos que darle méritos a mi paisana. ¿Cómo pudo un programa tan violento y lleno de mentiras, lograr arrebatarle la audiencia a Cristina? Aquí tenemos un ejemplo de cómo nos dejamos fácilmente influenciar por cosas y mensajes negativos. ¿Cómo puede ser posible, que nuestro entretenimiento llegue a ser esto? Una hora de violencia, de abusos. ¿Es eso lo que nuestro cerebro quiere como alimento intelectual? Esta es mi pregunta para ti lector. Así como este ejemplo, varios nos darán indicios de que tenemos que aprender. Hay que diferenciar entre lo bueno y lo malo, cuidar de lo que vemos, lo que decimos, y lo que leemos.

Pregúntate ahora, ¿dónde quisiera presentarse un triunfador? ¿En que programa? ¿En el de Cristina o en el de Laura? Con esto no quiero decir que en el programa de Laura no se haya presentado ningún triunfador famoso, no, si se han presentado varios, las pocas veces que salieron eran solo como invitados. El programa en si, fue diseñado para otros, en su mayoría, para puros perdedores y fracasados.

Empecemos a dar nuestros primeros pasos amigo lector, desde ahora, paso por paso. No tratemos de hacer las cosas de golpe, recuerda tanto tú como yo, estamos tomando un paso cada día hacia nuestro cambio. Tendremos una milla avanzada y en el tiempo menos esperado te darás cuenta y lo sentirás dentro de ti, que el cambio esta tomando forma. Nuestra ignorancia muchas veces nos hace caer en grandes errores y si no despertamos de una vez a la realidad, como ya vimos en estos ejemplos, vamos a perder y de que manera lo podremos pagar por no cambiar nuestro alimento intelectual. Y lo peor de todo, es que no nos damos cuenta que al acostumbrar este tipo de entretenimiento, indirectamente estamos afectando a nuestros hijos y generaciones futuras.   La verdad es que sale muy pero muy caro, así es que no vale la pena seguir perdiendo. Si tan solo hubiera sabido el significado de la palabra "ignorancia" en mi juventud me hubiera evitado tantas peleas. De verdad, me dolía tanto cuando me decían "ignorante", y la verdad es que lo era, como hasta ahora aún sigo siendo ignorante en muchas cosas. Realmente el significado de la ignorancia es sufrir de falta de conocimiento en algo.

Al menos hoy en día trataremos de ya no ser mas ignorantes en el tema de la grandeza y el camino al triunfo, ya no podemos seguir ignorando a "don dinero" y sus secretos, el pasado ya pasó. No me juzgues ni te juzgues a ti mismo por el pasado ya que hoy es el que vale. Una de las metas principales de este compromiso de enseñarte lo poco que he aprendido es por que tengo la plena seguridad de que cuando enseñas lo poco que sabes por regla natural en la vida tú aprendes más.

Enséñate a aprender y aprende a enseñar.

Cambiando el Agua de Nuestra Piscina

Capítulo 7

Casi el 60% de los libros que he leído acerca de cómo mejorar financieramente y de logros que puedes obtener buscando el éxito se refieren a una persona, diría yo, diferentes a nosotros. Hablan de como manejar a la gente, de como debes tener organizado el escritorio y la oficina, de como invertir para poder ganar mas con tu dinero, de como recompensar a tus empleados, y de como diversificar tu dinero. De verdad son muy buenos todos esos libros y tenemos muchísimas cosas que aprender de ellos. Mil gracias a todos los autores de esos libros por poner su granito de arena para nosotros que recién nos iniciamos hacia el cambio. Pero díganme, donde encuentro un libro para uno que recién inicia este camino? De todos los libros que he leído, no encontré uno solo que diga "si estas súper hundido económicamente, debes de tomar estos pasos, y saldremos adelante juntos". No he asistido a una charla donde el orador diga al iniciar, "yo también estoy muy mal económicamente" o al menos "ya estoy saliendo de mis deudas". Sin embargo, aprendí bastante de tanta gente, que hoy estoy realizando uno de mis sueños de escribir mi propio libro que vengo preparando desde hace 5 años y tal vez muchos más.

Ahora te estarás preguntando, ¿porqué si empezaste hace años, todavía no estas bien económicamente como deberías estar? Esta es una excelente pregunta. Ahora te explico y te doy mi sincera respuesta desde el fondo de mi ser. Aunque volvamos a caer un poco en lo mismo, pero si tengo que repetírtelo 10 veces lo haré 11, para estar más seguro de que me entiendes y me creas. Yo tenía una gran idea y estaba trabajando en eso, casi la mitad de todo lo que leerás aquí es trabajo de muchos años. Cuando primero rente una oficina, a los seis meses perdí todo lo que estaba escrito, y todo lo que había almacenado en la computadora para este libro si, por falta de pago me embargaron hasta mis cuadros que había comprado para adornar mis paredes. La secretaria que tenía en ese entonces será testigo que así fue, tal vez me retrase en pagar la renta, pero pagarle su sueldo jamás, puntualmente le pagaba su salario, y fue ella quien ya tenía avanzado la mitad de este libro, gracias a sus sabios consejos de llevarme yo los cuadernos a mi casa, es que hoy pude recuperar casi todo lo escrito. Ella fue una secretaria excelente, muy inteligente y una gran madre. Gracias a Alneli Urdaneta y a su esposo Pablo por estar siempre apoyándome en todo. Los tres son grandes venezolanos, digo tres pues a su niña varias veces me toco cargarla mientras le dictaba a su madre, mi vergonzoso y desastroso conocimiento ortográfico para este libro, cual fue escrito a mano para que lo pasara a la computadora. Sé que están en Miami y espero les vaya bien. ¿Entonces que paso? Volvamos a la pregunta, cuando yo tenía en ese entonces la oficina, a la vez también tenía una escuela de fútbol con mas de 80 niños, más el equipo de adultos. Salía a otros estados representando al Utah Mix y aparte tenía 2 trabajos. Ahora que he aprendido y sé lo que sé, no me volverá a pasar, por el contrario quiero aprender mucho más. No podía llevar bien todo a la misma vez, de hecho lo que mejor hacia eran mis trabajos pues de allí nos alimentábamos y nos vestíamos mi esposa y yo. Si no le dedicaba el 100% a cada cosa que hacía, también era de seguro un 100% que no todo iba funcionar bien. Lo peor aún era cuando se necesitaba mucho tiempo para recolectar el dinero mensual de los padres de los niños de mi escuela de fútbol. Su pequeña cuota de 25 dólares al mes era difícil de colectar, ya sabes como somos. Algunos padres se fueron sin pagar sus cuotas; ¿escuela de fútbol gratis? Esa no fue mi idea. Me bastaba con cubrir los ingresos de esos grandes profesores que tenía, bajo el mando de un gran profesional como el maestro Coco Tacahashi quien es experto en niños. Más de una docena de los que pasaron por su trayectoria llegaron a ser profesionales en el fútbol soccer. También gracias al gran jugador argentino Alan Lauterrete, quien tenía el mismo estilo de jugar sin exagerar que el gran Maradona. Así que no funcionó ya que no podía hacerlo todo y no podía darle el tiempo necesario a todo. Mi falta de preparación junto con mi buen corazón nos fuimos a la quiebra.

Tenemos que enfocarnos y priorizar nuestras actividades, tal vez podamos intentar y lograr hacer muchas cosas de las que nos proponemos, pero el fracaso estará más próximo que el éxito. Muchas veces llevamos el liderazgo de algunos proyectos, pero si por obra del destino no hay en ese grupo de gente alguien que tenga al menos un poquito mas los pantalones bien puestos que el resto y que, no temería en decirte "sabes que creo que estas haciendo mal esto" sería de gran ayuda para poder corregirnos. Así de simple fue la cosa. Fracasé por que yo el "sabelotodo" no necesitaba del consejo de nadie, y tampoco nadie de los que me rodeaban creo estaba en la capacidad de decírmelo. La gente que nos rodea y nuestras amistades aunque los queremos y sean muy buenas personas, de eso no tengo duda, influyen mucho en nuestras metas. Es como mi refrán dice, dime con quien andas y te diré que podrás lograr y hasta donde vas a llegar. No creo demasiado cuando el refrán dice "y te diré quien eres". Por ejemplo, cuando somos jóvenes, muchas de nuestras amistades utilizan estupefacientes y eso no quiere decir que uno también lo va hacer, y como estos hay muchos otros ejemplos.

Muchos de nuestros fracasos no son directamente culpa de nosotros, a veces son las malas influencias y las malas vibras recibidas de los que nos rodean. No es que este buscando una excusa en quien depositar mis errores, la culpa es ciertamente mía por no aprender a corregir y saber rechazar estas situaciones. Te lo diré en nuestro idioma. Sabiendo detectar a tiempo nuestros errores seremos nosotros mismos los beneficiados. Sólo es cuestión de querer en verdad, y aprender. Yo no soy el profesional quien te dé la receta, sino que soy el amigo que también esta buscando a ese profesional que nos dará las recetas, pero sabes que sentados donde estamos será raro conseguirlo. Hay que salir a buscarlo, imagínate que la biblioteca o librería sea un hospital donde encontraremos un especialista para cada uno de nuestros males con las recetas más infalibles que te puede dar cualquier afamado doctor, ¿me entiendes? Más adelante te hablaré precisamente de una diferencia que he notado durante los años de mi vida acerca de las bibliotecas y librerías. O mejor de una vez te lo digo. No sé por que los más débiles económicamente son los que llenan las discotecas y bares, mientras los más fuertes económicamente son los que suelen visitar las bibliotecas y librerías, ¿me entiendes? ¿Sabes lo que te quiero dar a entender?

Lo rescatable y más positivo de todo esto que he compartido es que cada fracaso es una escuela, cada fracaso es un paso hacia delante. Cada fracaso es comprobante que estoy vivo y estoy intentando algo, estoy convencido que el fracaso no es mas que el antiveneno del mismo veneno, ¿me entiendes? Un fracaso es la munición o la bala con la cual te armaras para dispararle al siguiente fracaso. ¿Qué buena arma verdad?. Te darás cuenta que a partir de ese día que adoptes este pensamiento, los fracasos se te alejaran por temor, pues somos nosotros quienes llegamos a no temer el fracaso.

Míralo como una de nuestras vitaminas que podemos tomar a diario. Todas las personas que han triunfado, y que han llegado a disfrutar del éxito son las personas que nunca le temieron al fracaso o que aprendieron como no temerle. La vida es así, los fracasos han sido y serán siempre los riesgos de las grandes hazañas y de los grandes eventos que han ocurrido en el planeta. Si NASA después de su primer fracaso hubiera desistido, jamás hubieran plantado la bandera en la luna. Si los españoles hubieran temido al fracaso, imagínate, quien hubiera descubierto América. Si Bush pensara lo mismo, jamás hubiera llegado a ser presidente. Por esta misma razón, no hubiera emigrantes en Estados Unidos y tantos otros deportistas y artistas incluso inválidos, nunca hubieran logrado la cima. Entonces esta de mas la pregunta, ¿crees que tenemos que temer el fracaso? Sin necesidad de preguntarle a un experto con diez diplomas en la materia, podemos deducir que los que menos han intentado, lógico que casi no han fracasado, por lo tanto se mantienen donde siempre han estado. Así como estos pensamientos, son muchos los que tenemos que reordenar en nuestro cerebro, si queremos progresar económicamente.

Nuestra fuente de sabiduría es el cerebro, yo me la imagino como una gran piscina olímpica llena de agua. Lamentablemente la mayoría de nuestro cerebro está casi llena de agua sucia en su totalidad. Eso no es un gran problema, solo hay que hacer el cambio. Tratemos de sacar toda esa suciedad de nuestra piscina olímpica. Empezando hoy, vaciaremos por completo toda el agua sucia de nuestro cerebro que podamos hasta dejarlo casi seco en su totalidad. La limpiamos un poco y listo, a partir de hoy imagínate, cada día hay que ponerle un bote, una cubeta o un balde de agua limpia. No importa cuanto tardemos, pero de cubeta en cubeta, seguro la llenaremos. ¿Que tan rápido? Depende de nosotros y de la cantidad que le echemos a diario. Pensemos que cuando más cubetas utilicemos, más rápido se llenará nuestra piscina mental y una vez llena de agua limpia, yo me imagino que debe ser maravilloso nadar en nuestra nueva piscina. Cada cubeta de agua limpia representa por ejemplo, un nuevo amigo que valga la pena, el comprar y leer un buen libro, el aprender a dar gracias, el mejorar nuestras propinas, acercarnos un poco mas a Dios, dar una limosna sin interesarnos quien sea la persona que la pida, aprender a abrazar con un abrazo sincero, un buen apretón de manos, regalar una flor a quien quieras, hacer una llamada a quien quieras pero no lo has hecho, otorgar un perdón, pedir permiso, pagarle a un amigo que sabemos le debemos y aún no le hemos pagado, hacer una llamada en un cumpleaños, cambiar una canción por una oración, cambiar un "no se puede" por "mejor intentémoslo", un "cuando será", por "así tendrá que ser", un "haber si me dan" por un "estoy seguro que me lo darán", un "no creo" por un "lo intentaré", un "hasta donde se pueda" por un "ya basta", un "mañana" o "cuando pueda" por un "hoy mismo", una hora de televisión por 20 minutos de ejercicio, una gota negativa por una gota positiva, una murmuración o una maldición por una pausa de control o una bendición, un imposible por un tal vez, un cigarrillo por una fruta, una cerveza por un litro de leche, un "estoy bien" por un "tengo que estar mejor" así como estos ejemplos, son infinidades los pequeños cambios que tenemos que dar. Recuerda entre más pronto adoptemos estas actitudes más rápido cambiaremos nuestra agua sucia por una piscina llena de agua limpia y pura. Cada acción y pensamiento positivo es una cubeta llena de agua limpia y ayuda en el trabajo de cambiar el agua de nuestra piscina mental. Que tanto querramos echarle diariamente para llenarla? depende de nosotros pero mientras más pronto mejor y recuerda que nadie más podrá hacer este trabajo.

Lo bueno es que desde este preciso instante podemos empezar.

Tengo un amigo al que admiro mucho a pesar de no vivir tan bien económicamente, casi siempre esta en un proyecto nuevo y jamás se queda con los brazos cruzados a esperar como sale de esa situación. Lo he visto en más de 20 proyectos intentando negocios nuevos para salir adelante. Él tiene toda la intención de triunfar y siempre la ha tenido, no le teme al fracaso. Mi consejo para alguien como este amigo y también para ti lector es: **"la intención sin preparación no da buenos resultados"**.

Las ganas cuestan mucho pero también valen mucho.

Vamos a llenar nuestra piscina.

Nuestro Peor Enemigo es Nuestro Mejor Amigo

Vivimos en un mundo con excesiva tecnología, que gracias a ella se pueden salvar muchas vidas, se puede encontrar todo más rápido, y se nos puede mantener al día de lo que sucede a nuestro alrededor. La tecnología sirve para hacer tanto bien a la humanidad, pero que lindo sería si esta fuera la única realidad, pero sabemos que no es así. La tecnología también es utilizada para destruir, para tantas guerras, para tantas muertes y dolor, y así como sucede esto en cada nación, así sucede también en nuestro interior. Sé que tal vez parezca mentira, o a lo mejor suene aún estúpido lo sé. Pero lamentablemente es la verdad. Un ejemplo simple y rápido es que mientras unos buscan como sacarle provecho a la Internet, para expandir sus negocios, y como incrementar sus ventas, otros solo la utilizan para pasar el tiempo chateando. Algunos quieren expandir sus negocios por medio del Internet mientras otros buscan aumentar sus morbos sexuales. Miles te quieren vender algo a través del Internet, pero sin embargo también son miles los que quieren estafar nuestro dinero. Igual es la televisión, casi todos la miramos para entretenernos, o para informarnos. No hace mucho leí un libro que en unas hojas de su contenido decía que la televisión era basura, que solo cosas negativas se veían, otros dicen que más del 70% de la programación son mensajes negativos, y no recomendaban mirar televisión. Yo no estoy de acuerdo con ninguna de estas perspectivas. Recuerdo que un autor asociaba en uno de sus libros la palabra televisión con la frase "telé basura" y de verdad no estoy de acuerdo especialmente si estuvieran atravesando por unas de las circunstancias que a continuación les comento. Hace unos días mi cuñada, o sea, la hermana de mi mujer, venía de Guatemala para emigrar a los Estados Unidos, dijeron los que la traían, que mi cuñada Zoila se les murió en el camino y tuvieron que dejarla muerta en el desierto. Es en realidad una historia muy triste y muy dura para toda la familia, me parte el alma ver a mi señora como sufre por su hermana. Saben, a veces prende la televisión con tanto entusiasmó y fe esperando que en el noticiero Jorge Ramos o Maria Celeste digan que ya encontraron los restos de su hermana. Tengo fe que pronto sabremos si en realidad murió o que paso con ella. Esa es una historia muy difícil y solo quise utilizar este ejemplo para demostrar que no siempre la televisión es o ha sido basura. Es buena la inversión de tiempo si sabes utilizarla bien. Hay programas de humor que me relajan bastante, miro una hora de buen humor cuando tengo tiempo y de verdad me río. Hay programas deportivos tan profesionales, como ese trío de comentaristas deportivos, que pasaran años en ver a otros profesionales juntos, del mismo calibre de Norberto Longo que en paz descanse, Jessie Lozada, y el gran Andrés Cantor, a mí siempre me ha gustado verlos. Siempre hay que aprender de los campeones y que mejor manera de aprender y gratis, sino a través de un buen programa deportivo mientras algunos (nas) se la pasan viendo 6 horas de novelas. Conozco a otros también que a diario tratan de aprender ingles en sus televisores y por audio. Con esto solo quiero demostrar que la tecnología es muy buena si sabemos como aprovecharla y utilizarla a nuestro favor.

Nuestro peor enemigo lo llevamos dentro de nosotros mismos pues una vez que a este lo acostumbramos a alimentarlo de cosas malas y negativas, hará todo lo que este a su alcance para conseguirlo. Este enemigo interno como le llamo yo, hará todo lo imposible para no desaprovechar el más mínimo instante en recoger y levantar todas las malas vibras y demás que encuentre en su alrededor para alimentarse ya que siempre las tendrá presente. Es como si tuviera un hambre constante, si!!! hambre de cosas malas y negativas y satisface esa hambre en donde quiera que encuentre esa oportunidad, como en el Internet, televisión, revistas, periódicos,etc.

Aquí tenemos que tomar una pausa y recurrir nuevamente a nuestro modo de comunicación lector. Ya sabes para entendernos mejor, hay que reflexionar de lo que hemos repasado y también para demostrarles a algunos que no todo es basura en la televisión.

Para entendernos mejor, ese "yo" interior comerá o se alimentará según la dieta que nosotros escojamos para él. El no puede alimentarse por si mismo, lamentablemente por mas que quiera, jamás podrá irse a comprar un helado, si tú no lo llevas. Para certificar esto que digo y darle mas credibilidad, jamás he visto un "yo" interior haciendo fila para pagar en cualquier restaurante, o en ninguna gasolinera. Si ustedes lo vieron, no fue mi caso, siempre he visto una persona, un cuerpo, un yo o un tú. Nosotros mismos decidimos que verá en la televisión, que leerá, que buscará en la Internet, en fin todo lo que queramos para alimentar nuestro interior lo decidimos nosotros. Llega a acostumbrarse a eso que nosotros le demos. ¿Nos estamos entendiendo? ¿Quedó claro? O ¿será bueno dar un ejemplo aquí para que entendamos mejor? En otras palabras, si nosotros acostumbramos a nuestro "yo" interior a que cada sábado vamos a jugar fútbol, no sé si te pasaba lo mismo que me pasaba a mi lector pero hasta las piernas me picaban por ir a jugar. De verdad parecía que una fuerza interior me empujaba a hacer lo imposible para jugar fútbol ese día. Y siempre fue así, buscaba mil excusas pero allí estaba cada sábado jugando fútbol con los amigos. A veces ni sabíamos como lo logramos pero allí estábamos cada sábado o domingo pateando la pelota. Creo que si a mi "yo" interior no le gustaba jugar al fútbol no hubiera hecho tantas cosas e inventado tantas excusas para estar allí pateando esa bendita pelota. Más que mis ganas, era que él "yo" interior ya se había acostumbrado a esa cita sabatina. Hoy día, se ha acostumbrado diferente, ve una tienda de libros y siento que me jala, me dice, "vamos a revisar que hay de nuevo", él quiere alimentarse más, es él quien me empuja hacia adentro de la tienda. Nuestro peor enemigo lo llevamos dentro y créeme es mas fuerte que cualquier ejército. La diferencia de todo esto es que aunque no podrás cambiar las reglas de ninguna escuela militar, si puedes cambiar tus hábitos que son los que te llevaran al éxito o al fracaso.

Si estamos buscando un gran cambio positivo en nuestras vidas, pues debemos empezar desde ahora. La mejor manera es alejándonos de ciertos hábitos y costumbres que tenemos desde hace muchos años en nuestra vida diaria y si no hacemos nada por cambiar esos hábitos, pues el resultado esta predicho. Seguiremos iguales que hasta hoy. Durante el trascurso de un viaje a Arizona en búsqueda de mí desaparecida cuñada, conviví con mi primo Jorge por casi 9 días. Recuerdo cuando la esposa de mi hermano Farli quien era que tenía que asistir a este viaje me llamó para decirme que no podría realizar este viaje por razones de salud de mi hermano, tuve que empacar mis cosas y emprender el viaje yo por él. En el transcurso del viaje ya casi a dos horas de camino, se me ocurrió llamar a mi hermano, para darle las gracias al menos por haber querido ayudarme y debido a su enfermedad no lo pudo hacer. Le dije que no se preocupara pues yo ya estaba en camino tomando el lugar que él no pudo por razones de salud. Estas fueron mis precisas palabras; "hermano te agradezco dé todos modos por tu intención de querer ayudarme, lamentablemente no lo pudiste hacer por razones de salud, lo más importante de todo es que tuviste la intención así que no te preocupes que yo voy por ti, con el primo Jorge. Ya vendrán tiempos mejores y de seguro contaré contigo gracias de todas maneras adiós". Después de decir estas frases a mi hermano, el primo Jorge sé hecho a reír de una forma exagerada por mas de dos minutos y le pregunte cuál era la causa de su risa, su respuesta fue así: "Pareces idiota, que ridículo eres expresándote así, que ridículo". Yo le conteste, "primo retrocedamos unos minutos esta platica, voy a repetir lo mismo pero ahora no te rías y piensa en lo que tú "yo" interior te dice, de seguro te dirá "así quiero decir yo, cuando estoy agradecido de algo" Se lo repetí y esta vez no se rió sino que se hizo el dormido por mas de dos horas de ese largo viaje de trece horas en auto.

Pude sentir al volante de ese auto rentado como él y su "yo" interior, empezaron en una gran discusión por no ponerse de acuerdo si imitarme o seguir burlándose. El silencio de esas dos horas me hizo entender que él no quiso decir eso, él "yo" interior jamás dijo nada, sin embargo lo expresó, y lo pronunció por un mal habito de burlarse de los demás de cualquier tontería con tal de sentirse él, en ese caso superior, aún sabiendo que no era lo correcto burlarse de lo que escuchaba de mi parte hacia mi hermano. Lo que he aprendido hasta hoy día es simple, mi primo jamás dio una muestra de admiración y respeto por nadie. Así que al escucharme, simplemente le pareció estúpido que yo me manifestara así después de quince años que no viajábamos juntos.

Sé que no fue él, quien lanzo ese comentario sino su "yo" interior un poco herido en lo mas profundo de su ser ya que jamás había escuchado nada igual y menos por un hombre ya sea hermano, primo u amigo. Aquí comprobé una vez más que nuestro mejor amigo puede convertirse en nuestro peor enemigo. Ese "yo" interior nos quiere dar lo mejor de lo mejor pero lamentablemente somos nosotros mismos los que a veces no le dejamos que se manifieste en realidad como él quisiera. Entre nuestro "yo" interno y nuestro "yo" externo hay grandes diferencias, y la verdad sin la ayuda de la gente que en verdad sabe como nivelarlos jamás podremos lograr grandes cosas.

Enséñale a tú "yo" interior que necesitamos un cambio el cual nos favorecerá a los dos. Hay cosas que aceptamos y otras que no y que simplemente nos hacen daño para lograr un éxito mejor del que hoy tenemos. Hay una pregunta capciosa que siempre me ha gustado hacer y son pocos los que me la han podido responder. Hoy te la preguntó a ti lector y te la voy hacer de la manera más breve. Claro que la respuesta la tendrás más breve pues no me da el tiempo en un libro para tratar de demorártela un poco más. Supongamos que en un barril vació de 10 metros se cae una rana o un sapo y la rana solo puede saltar máximo 2 metros. ¿En cuantos saltos sale el sapo de ese barril?

Casi todas las respuestas que me dan son en 5 saltos por que 5x2 es 10. La verdad es que nunca saldrá, por que simplemente no tiene de donde sostenerse, el sapo o la rana saltará 2 metros pero luego caerá al vació, lo hará repetidas veces, en cada una, luego caerá nuevamente a la base del barril.

Así de igual es nuestra vida. Podrás dar mil saltos y nunca saldrás si no tienes una base de donde sostenerte o de donde agarrarte. Conozco mucha gente que en el transcurso de 3 años han intentado 3 o 4 negocios diferentes y al final quebraron y nuevamente a los pocos meses de nuevo abren otro negocio y una vez más caen. Tengo parientes muy cercanos que los veo y siempre están en la misma situación que la rana, siempre intentan pero será difícil que salgan de ese pozo si no es con la ayuda de alguien, que tal vez le tire una cantidad de tierra al pozo, un poco de agua o yo que sé. Igual sucede con nosotros. ¿Cómo vamos a salir de donde estamos si no buscamos la ayuda de los que nos pueden sacar de este pozo?

Solo recuerda que nuestro peor enemigo puede ser nuestro propio amigo, ese que llevamos dentro. El día que nos pongamos dé acuerdo con él de adentro y con él de afuera veras los resultados. Si todos los expertos nos recomiendan que la mejor manera de llegar a tener éxito en la vida es nivelando diferentes aspectos de nuestras vidas tanto en lo físico, lo espiritual, lo económico y lo emocional, como crees que podemos lograr esto sin la ayuda de los que en verdad lo han logrado. Dicen que preguntando se llega a Roma. Aquí no hay necesidad de viajar y mucho menos gastar tanto para llegar a Roma, mejor llega a una biblioteca o librería cerca de tu casa y encontraras las respuestas que buscamos. Recuerda que tu mejor amigo lo llevas dentro y que lamentablemente este también puede ser tu peor enemigo. Si no lo ponemos en el camino correcto, no lograremos el éxito. Pienso que debemos seguir a los grandes que están en el éxito, esta vez compartiré contigo unos métodos que aprendí y los puedes utilizar para tu benéfico.

Tu arma más poderosa esta dentro de ti, no-te auto dispares.

Mucho Cuidado Con Los Inversionistas al Paso

Capítulo 9

Así como tú y yo lector, hay también miles de personas buscando una estabilidad financiera mejor de la que hemos logrado hasta el día de hoy. Lo triste de esta situación es que también hay miles de personas esperando conocerte y pintarte un mundo de pajaritos prometiéndote ganancias jugosas. Mucho cuidado con este tipo de gente, a veces saben como por arte de magia la cantidad de dinero que tienes, la cantidad de tus ahorros, o la suma que tú estas dispuesto a invertir. Estas personas están al tanto del pésimo inversionista. Digo pésimo inversionista por que generalmente somos gente que nos cuesta ahorrar e invertir el dinero que con mucho esfuerzo y el sudor de nuestra frente ganamos. Pero ellos saben que ante cualquier oportunidad con tal de multiplicar o triplicar tu dinero, sin acesoria ni referencias de nadie, hacia estos supuestos empresarios caemos en sus garras y al final simplemente perdemos nuestro dinero. Lo más triste es que no hay manera de poder recuperar ni siquiera la mitad de lo que perdimos. Alerta, amigo despierta, yo también sé como es toparse con esa gente y sabes que, ha sido bien difícil y casi imposible recuperar mi dinero.

A continuación te daré algunos consejos para que estés atento desde el primer momento que se aparezca una de estas personas. Generalmente estas personas dicen ser tu amigo o llegan a ti por intermedio de algún amigo o familiar tuyo. Hablan de miles y miles de ganancias que puedes tener, y casi en forma profesional y de una manera cautelosa logran a través tuyo, hacerse una idea clara de cuanto tienes o cuanto puedes invertir. ¿Cómo lo hacen? Muy fácil, nos hacen una serie de preguntas y arrojan tentaciones hacia nosotros que no nos damos cuenta. Ya que no sabemos sus intenciones, les dejamos saber nuestra situación financiara sin ni siquiera sospechar. En esas conversaciones te mandan señales para que te des cuenta de cuanto dinero ellos ganan sin trabajar y de una manera muy fácil. Según ellos, son buenos para los negocios.

El personaje en meción supuestamente sabe mucho de negocios pero él ya sabe que tú tienes por ejemplo $5,000 dólares o pesos de tu país, te puede ofrecer un negocio donde invirtiendo solo $2,000 te hará ganar $500 dólares en tan solo uno o dos días.

Siempre te dirán "¿viste que fácil? No hiciste nada y solo invirtiendo $2,000 ya te ganaste $500. ¿Dónde vas a ganar tanto dinero tan fácil? Claro nosotros somos más inocentes que ellos y pensamos que hicimos la mejor inversión de nuestra vida. Y pensamos que esos $500 dólares o pesos no los ganamos ni en una semana de trabajo. Así pensamos nosotros y ¿sabes que esta pensando él otro? "Ya lo tente con esa cantidad". Ahora te proponen una segunda inversión, te pueden pintar un negocio más grande tal vez de $3,000. Donde ganaras mucho mas y así será, tú piensas que estas ganando pero él otro esta detrás de tus $5,000. Recuerda que después del segundo o tercer intento, te harán invertir todo lo que tengas y en esa perderás todo tu dinero. Cuándo les reclames, la respuesta común de esta gente, será ¿cómo me reclamas ahora y cuando ganábamos no decías nada? Es esa una gran mentira ya que jamás ganamos, nadie gana, solo te prestaron por un rato su pequeño capital que ellos ya tenían, ¿te das cuenta? Ellos solo contaban con $1,000 dólares y te bajaron $5,000, así es el juego. Cuidado ahora que tú eres más astuto que ellos. Sé que no caerás tan fácil. Una manera de contrarrestar esto es que estudies bien a las personas y si se parece a las que te estoy describiendo, no arriesgues, o solo arriesga una vez, por mas que te pinten pajaritos no lo vuelvas a hacer de esta manera mas bien tú ya les ganaste algo.

Las personas que son buenas para los negocios ¿por qué tendrían que buscarte a ti o a mí si saben que no somos inversionistas? ¿No crees que sería mejor que busquen a un banco y ganen más pues las ganancias serian liquidas para ellos? Esto es algo que me hace reír y siempre veo gente que cae en este cuento. Vas bien por la calle cuando de repente se te aparece alguien y te enseña joyas de oro vendiéndotela a muy bajo precio diciéndote diez mil excusas por que te la quiere vender barato. Sacan tantas excusas y hablan tanto que lo único que esta gente quiere es bloquearte la mente, para no darle a tu cerebro el espacio que necesita para pensar y tú quieres pensar un minuto y no te dejan. Te siguen hablando y hasta bajando el precio inicial, debido a su necesidad, y su urgencia es el pretexto o el sistema que ellos utilizan y de repente "zas" no te diste cuenta y les diste tu dinero y te llevas las lujosas joyas. Después de un rato, recapacitas y te entra la duda si será oro de verdad o te estafaron. No tardas mucho tiempo en darte cuenta a través de un joyero que de verdad fuiste estafado. Esto me da risa pues no te dieron el tiempo para llegar a un acuerdo entre tú y el "yo" interior. ¿Por qué después que pagaste piensas que te engañaron? ¿Quién te dijo, oye, creo que te estafaron sabes que te desconectaron y no te diste cuenta? La respuesta es fácil, si fuera oro de verdad ¿por qué no la empeña y después la recupera? O de lo contrario, llévalo tú mismo a la persona que te la vende a la casa de empeño y tú le das mas y que te lo empeñe a tu nombre. Luego tú lo sacas. No seamos tontos por favor, jamás compres prendas de oro ni ningún tipo de joyas en la calle ya que nadie las vendería al paso como una hamburguesa y de ser así de seguro son robadas. Simplemente evítate un dolor de cabeza no compres en la calle.

Hay que tener mucho cuidado a la hora de invertir nuestro dinero, te voy a relatar una historia que le paso a mi señora para ilustrar un punto. No tenemos nada en contra de esta compañía pero de verdad tuvimos una mala experiencia en este negocio. A mi señora le vino a ofrecer una amiga la oportunidad para que fuera vendedora en una compañía de productos de belleza para la mujer. Admiramos y respetamos mucho a la fundadora de este negocio, que en paz descanse, es una persona de la cual tenemos mucho que aprender por sus logros y sus enseñanzas. Pero el problema estuvo cuando el gerente o la directora de esta zona le metió tantas cosas a mi señora para que lograra ganar el auto que te dan después de vender cierta cantidad de productos. Esa era una de las metas que te pondría a prueba si eras de verdad unas de las mejores de todas las vendedoras. Mi señora se lo propuso y yo la apoyé en todo lo que pude. Después de un largo tiempo, ella logro ganarse el auto que la compañía le dio. Pero no crean que se lo regalaron, era como una renta de un auto del año, siempre y cuando ella no bajare de vender cierta cantidad de productos al mes, tal vez $2,000 o $2,500 mensualmente en productos. A mi señora la hicieron endeudarse tanto con tal de comprar esa cantidad mensual durante tres meses. Después de ese período permanente de consumo, sé hacia acreedora del rentado auto del año. Mi señora salía desde las ocho de la mañana y regresaba a las once de la noche después de recorrer media ciudad en tratar de vender los productos. Y lo mismo se repetía cada día, unos vendiendo y otros tratando de cobrarle a la gente que le debía los productos. En ese entonces, sus directoras eran sus mejores amigas. La llamaban casi a diario para ver como iban sus ventas. Si no completaba la suma mensual indicada, casi le exigían que era yo quien tenía que cubrirle la cantidad del dinero para no perder el auto. Y así fue en varias ocasiones tuvimos que cubrir esa cuota mensual para no perder el auto. Hasta cuando podía costearle la diferencia, supuestamente era un esposo ideal, cuando nos dimos cuenta que por el bendito auto ya casi no teníamos ahorros. Las cosas se empeoraron y las discusiones con mi señora se hacían cada vez mas frecuentes. Las directoras que supuestamente eran sus amigas, la presionaban para que no perdiera el auto y hubo momentos bien difíciles y de seguro puedo confirmarlo que mi señora se metió en grandes deudas para poder cubrir la cuota mensual. Hasta llegamos a perder un auto que yo sin saberlo, y bajo consejo de sus directoras, la empujaron a dejarlo empeñado para conseguir el dinero de la cuota mensual del auto del año. Recuerdo que hasta por falta de pago del préstamo un día vinieron a mi trabajo y se llevaron mi auto. Me dejaron a pie, sí aunque te parezca mentira. Perdimos el auto por falta de pago, pues algunos clientes, no todos, ya pasaron más de tres años y hasta la fecha de hoy, no le han pagado los productos. Eso no es lo peor, aquí esta lo peor, para no perder el auto metieron a mi señora en mas de tres panderos, cundinas, juntas o como les llamen y teníamos una deuda mensual de mucho dinero con tal de mantener ese auto que entre comillas mi señora "se lo ganó" pero ¿cuál ganancia? ¡SI NUNCA FUE DE ELLA!

Cuando me senté con mi señora y le expliqué que esto no podía continuar por que económicamente nos afectaba a los dos, ella casi lo entendió. Después de unos días, ella se lo comunicó a sus directoras, delante de mí. Recuerdo muy bien yo al lado de mi señora y ella en el teléfono explicándoles a sus superioras que ya no podía seguir en el negocio, ¿saben cual fue la respuesta de esta gente? Yo lo escuché nadie me lo contó. Estas fueron las sugerencias de la directora, "si tu esposo no te apoya mejor déjalo, que tu sola puedes hacer este negocio" "este negocio es así le dijo ella, tendrás diferentes pruebas en el camino y si aquí no triunfas, jamás triunfaras en la vida si tu marido no te apoya, mejor sepárate y déjalo por que quizás él no quiere ver que tú te superes. Después de escuchar estas palabras le dije a mi señora ¿sabes que? Enciende ese auto y vamos a devolverlo si tú estas de acuerdo conmigo por el bien de nosotros mejor retírate de ese negocio por que esa gente no son tus amigas. Yo creo que sería lo último que le aconsejaría a un amigo pero yo estaba allí escuchando lo que paso, nadie me lo contó. Amo tanto a mi mujer que ella también dijo "sabes que yo no cambio ningún negocio por ti, más bien gracias por haberme ayudado, hasta hoy hago esto" y así fue, esa tarde fuimos a dejar el auto. Pagamos por mas de un año todas las deudas que ese negocio le dejo que fue mas de $20,000 dólares invertidos, si, veinte mil dólares reducidos en muchas cajas de productos que hasta la fecha de hoy tiene. Ya casi se ha vuelto común en cada cumpleaños regalar un producto de belleza al menos nos ahorramos el gasto de regalos. ¿Y las amigas que? ¡PUES HASTA EL DÍA DE HOY NO LA LLAMAN! Ni siquiera para su cumpleaños. Esa no es la enseñanza de la fundadora de esa empresa y tampoco estamos en contra de la directora. Cada uno sobrevive como puede pero de verdad el mensaje de esta experiencia, sería que no se vale tratar de lograr nuestras metas arrasando y atropellando a los que estén debajo de nosotros yo sé por que lo digo. Aquí implica la cultura, estudios, conocimientos, habilidad, e instinto de sobre vivencia, y mentiras.

Hemos visto como a veces a mujeres embarazas les dicen "mete todo tu dinero aquí y veras que en tres meses ya habrás ganado cantidades". Es casi imposible eso. Esta bien inspirar a la gente para superarse, claro si le dijesen a la mujer embarazada ¿sabes que? "Si puedes triplicar tu dinero, pero tienes que vender 500 dólares diarios mínimo, trabajar de 10 a 12 horas diarias, caminar muchas millas al mes en cobrarle a la gente y algunas te harán ir 20 veces y al final no te pagarán, y si tu marido no te apoya déjalo así de simple, también tendrás que poner en riesgo tu embarazo". Creo que si fueran así de francas, nadie se metería en ese negocio. Con esto no quiero decir que ese negocio sea malo, tal vez es demasiado bueno, pero para mi señora no resulto y fue una mala experiencia que al final lo bueno que nos dejo y siempre le repito a mi mujer, es que me demostró que fue capaz de lograr su meta haya costado lo que haya costado, lo logro y eso es bueno.

Dicen que en los negocios no se puede mezclar la amistad y la familia, yo si lo hago. Así como este ejemplo que té presente lector, hay muchos negocios que deberás pueden funcionar, como otros de multinivel, o a través de la Internet. Antes de iniciar un negocio de estos, hay que informarnos muy bien y ver todas sus ventajas y desventajas, decidirse y ponerle todas las ganas. Por eso mucho cuidado a la hora de elegir donde vamos a invertir nuestro dinero. Cuidado ya que somos animales. Claro racionales, pero como en el reino animal él mas fuerte se devora al más débil. El perro, por ejemplo se ensaña con el gato, el gato se ensaña con el ratón, ¿en qué lugar quieres estar tú, es mi pregunta? El perro es el millonario, el gato el de la clase media, y el pobre ratón el de la clase baja. Cuidado aquí, que hay ratones que pueden ser más millonarios que cualquier perro o gato. (El ratón Mickey por ejemplo)

> Mucha gente invierte su tiempo en ti, solo para convencerte que inviertas tu dinero con ellos.

Hagamos Las Cosas Diferentes y Tendremos Diferentes Resultados

Capítulo 10

Si estudiamos un poco a la gente que esta mejor económicamente que nosotros, nos daremos cuenta que simplemente hacen las cosas diferentes. Recuerda siempre lector lo que te repito en este libro, somos principiantes tú y yo, no hay nada que perder y si mucho que ganar, no me cansaré de repetirte esto. Yo lo estoy poniendo en práctica y de verdad me esta dando buenos resultados en mi camino hacia un futuro mejor. La vida me ha puesto muchas cosas buenas en este nuevo rumbo, nuevas amistades, nuevas oportunidades, nuevas maneras de pensar y otras cosas más. También me han pasado cosas que de no haber estado preparado, la verdad es que no lo hubiéra sabido soportar. Hablando de la desaparición de la hermana de mi señora, si esta situación se hubiera presentado años atrás, no sé si hubiéra estado listo para manejar ese desafío como lo hago hoy. En este mismo momento la estamos buscando, no se sabe si esta viva o esta muerta. Como ya te comente anteriormente, supuestamente la traían a Estados Unidos y nos dijeron las personas que la traían que tuvieron que dejarla en el desierto por que ella había muerto. Esta historia no la creemos ya que hemos buscado por todos lados y no hay rastros de su muerte ni si esta viva. Te cuento esto de nuevo por que sé que muy pocas personas pasan por esta situación y las que la están pasando le pido a Dios que les dé fuerzas para salir pronto de esa pesadilla por que parece una pesadilla. Imagínate los gastos que nos viene ocasionando su búsqueda. Creo que antes no lo hubiéramos podido hacer y por falta de dinero solo quedaría resignarse y pedirle a Dios que la tenga en su gloria sin saber la realidad de las cosas. Con dinero té queda la paz interior de saber que hiciste todo lo posible sin ni siquiera pensar en un instante que el gasto tal vez sería en vano.

Bueno, sabemos que estamos en un sendero hacia el cambio y esto solo lo tomamos como una pequeña prueba de la vida hacia nosotros, pasando esto tengo la seguridad que será muy pronto cuando vendrán muchas cosas buenas.

Lo principal que quiero que captes es lo siguiente. Si se gasta $50,000 dólares en encontrar la respuesta de donde esta mi cuñada, no hay problema se tendrá que gastar ese dinero. Ya no tenemos miedo a las cantidades de ceros 10, 100, 1000, o 10,000 todo es igual después que tu mente cambia y tienes la seguridad que lo puedes volver hacer. Te recuerdo que he leído libros de millonarios que han quedado en la bancarrota y quedaron en quiebra sin un centavo ¿y sabes qué? Después de un cierto tiempo, nuevamente son millonarios. ¿Por qué será? Me parece fácil entenderlo ahora. No importa en que situación estés ni que dinero tengas, lo importante es lo que tienes en tu cabeza y el conocimiento que tengas sobre el dinero, una vez que estas seguro de ti mismo. Puedes estar en cualquier situación y eso no es lo importante, lo importante es que tu cerebro este programado diferente y el resto se te hará fácil. Te voy a dar algunos datos de las cosas que yo hago diferentes y de mis locuras por buscar un futuro mejor que las puedes aplicar para ti mismo o darte una idea, y por que no, crear tus propias estrategias.

En cuestión de dinero, trataremos de ahorrar lo máximo ya que dicen que la plata llama a la plata sin ser avaro ni tacaño. Ahorra, trata de hacerlo por todos lados, en un banco, en un libro, ten alcancías en tú cuarto, en la cocina, en la sala, trata de ponerle una moneda aunque sea una vez al día, aunque sea un centavo no importa, sólo demuéstrale al universo que tú eres ahorrativo. Tu propio mundo se dará cuenta de eso y ¿sabes que? aunque parezca mentira la vida té paga muchos intereses por esto, ya verás, aplícalo y te darás cuenta. No te hagas él que no has visto a la persona que te pide dinero fuera de la gasolinera y no justifiques si esta borracho, si tiene cara de estar en una resaca o cruda terrible, que nos importa, si tienes dinero y te pide un centavo dale más, y no juzgues. Quitate esos prejuicios, sólo dale su ayuda monetaria y no nos interesa para que quiere ese dinero, ya la vida se encargara luego de multiplicar tus recursos porque fue testigo de tu buena acción.

Tuve una anécdota muy curiosa a la salida de un supermercado, recuerdo que era época de Navidad. Un señor bien tomado me pidió unas monedas con la excusa que no tenía para el pasaje del trasporte. "Está bien" le dije, y le di unos billetes. El señor se fue muy contento como si se hubiera ganado la lotería. ¿Y cual autobús? Si a esa hora ya estaba cerrado el transporte. Bueno, hice mis compras y cuando salí del supermercado, puse en marcha mi auto y lentamente me salí del estacionamiento, cuando de repente "plash," detrás de mí, alguien me choco no muy fuerte. Cuándo bajamos a revisar los autos, ninguno tenía daños pero el señor saco unos billetes y me dijo sabes que la culpa fue mía, toma este dinero por favor pues aunque no tienen nada los autos le estoy quitando su tiempo o ¿prefiere llamar a la policía? Le dije que no había necesidad de llamar y tampoco de recibirle el dinero, pues a mí me podría haber pasado lo mismo. Fue tanta su insistencia del señor que no me quedo más que recibirle el dinero. Con el dinero compre unos regalos para unos sobrinos. No sé por que pero de verdad siento que esa pequeña limosna que le di al señor unos minutos antes, se multiplicó tal vez por varios billetes y de más valor.

Pensemos que el dinero tiene vida y que siente. Pregúntale a cualquiera y te darás cuenta que si quisieran que se reproduzca como todo ser viviente, darían todo con tal que se les multiplique cada día, entonces si nos encontramos aunque sea un centavo en la calle alégrate y dile que ya no tiene necesidad de seguir pasando tanto frió o calor, solo y abandonado en la calle, que a partir de ese momento contará con nuevos amigos y de su misma especie llévatelo y mételo rápido en tus alcancías de tu casa. Eso te da buenas vibras y una buena relación con él. Hasta los negocios te van a buscar para que le des un buen valor y respeto al dinero créemelo. Regala dinero a tu iglesia, o a cualquier causa, o institución de ayuda humanitaria. Juega con tus hijos a ganarse el dinero y veras que les va a gustar. Págales por un servicio que hagan, cuando tengan cierta cantidad y sean un poco mayores enséñales a invertir, en la misma casa, supongamos que tu hijo de 17 años te pagó la luz o el teléfono con su propio dinero.

Devuélvele esa cantidad mas sus servicios, por su tiempo, hay muchas maneras de enseñarles a ahorrar y a invertir en la misma familia, también puedes crear tus propios métodos.

Por cada libro de motivación que lea prémialo, recompénsalo y hazle saber que no todos hacen eso, solamente los que quieren triunfar. Tenemos que reconocer que un buen libro es el mejor regalo en cualquier época. Los juguetes son pasajeros, pero con un libro, tu hijo será el pasajero en ese trasporte hacia el éxito. Pocas veces he ido a discotecas y casi siempre he visto a la misma gente y exactamente en el mismo lugar. Me parece mentira que cuando voy a una tienda de libros, jamás me he cruzado con algún conocido o menos con un familiar, no sé por que pero me parece que en estos tiempos nuestra gente lee menos. Piensa siempre en hacer cualquier negocio propio, puedes empezar con algo pequeño que importa que ganes poco. No tienes que dejar de trabajar por esto.

Sólo entiéndeme que en cualquier lugar del mundo donde existe el dinero tú puedes hacer más dinero. Por ejemplo, compra un auto y véndelo, una bicicleta y réntala, presta dinero a tus familiares y amigos y cóbrales intereses. Escribe tu propio libro se puede vender de puerta en puerta, estampa camisetas con los nombres de tus amigos o negocios cerca de tu zona y véndeselos, aprovecha las ocasiones, feliz día papá, feliz día de las madres, Juan te quiero mucho, Julia te amo, busca gente que tal vez tienen prestamos en otros lados y sus intereses son muy altos págales esa deuda y que a ti te paguen menos intereses, si desconfías de esa persona, pídeles garantías que tú puedas vender después para recuperar tu dinero, y obtener una pequeña ganancia. Vende comida en tu trabajo a los solteros, crea tu propio modelo de sombreros, con algo diferente a los comunes, manda a hacer lapiceros de grabaciones especiales, organiza torneos deportivos, compra animales y hazlo que reproduzcan para vender las crías. Gente que quiera ir a bailes o conciertos págales los gastos y que te paguen en partes más la ganancia, que importa que sea poco pero seguro. Inventa tus propios servilleteros o servilletas, ceniceros, saleros, o lo que sea y anda a venderlos a los negocios.

Los negocios ya establecidos son una buena opción, véndeles una foto grande de su fachada con algo especial, no sé, una oración o un pedido para que les vaya bien. Ofrécele a los talleres de autos hacerles propaganda por todo lados a cambio de una suma, si a alguien le falta una lavadora o cualquier electrodoméstico ofrécele que tu se lo compras en efectivo y que esa persona te lo pague a ti en partes, con un pequeño interés. Hay gente que se les daña el auto y no tiene el dinero en ese momento, ofréceles que tú se lo mandas a reparar y que te pague en partes con algo de garantía, un título o un papel firmado si no-té paga vendes el auto o lo que sea que se haya reparado. Ofrece pintar la casa de tu vecino, o escribe tarjetas. Es cuestión de ponerse a pensar un buen rato que es lo que pódenos hacer para obtener dinero extra. Si te pones a pensar y le das el tiempo necesario, yo sé que las ideas te vendrán. Lo que pasa es que jamás lo hacemos. Ve afuera y mira a tu alrededor. Estoy casi seguro que no encontraras un letrero que te diga "lo siento, ya no puedes hacer tu negocio" al contrario, te darás cuenta que tu creatividad te hará ver que de verdad tienes muchas cosas que puedes hacer. Recuerda para que logremos esto, tenemos que hacer cosas diferentes de las que hemos hecho hasta el día de hoy. De este momento en adelante tiene que estar bien claro en nuestra cabeza que del trabajo a la casa jamás lograremos ingresos extras.

Recuerda que este libro esta hecho con la única intención de que salgamos adelante. Es una pequeña herramienta que nos ayudara mucho a ti como a mí. Es como un manual para quienes empezamos y un compromiso para quienes lo leemos. Así que estamos iguales, somos principiantes, y este mismo libro es mi primera meta, si tuviese que tocar 40,000 puertas, si, cuarenta mil puertas para vender 10,000 libros pues las tocaré y hasta no llegar a mi meta no pararé. También lo puedes hacer a partir de este momento, puedes ponerte metas desde ahora mismo y empezar a trabajar en ellas.

Una de las cosas diferentes que tenemos que iniciar en estos momentos es acostumbrarnos a trabajar sobre nuestras metas, por más pequeñas que sean ya que son necesarias para nuestra vida y nuestro progreso. En cuestión de dinero, pienso yo que es lo principal, una pequeña meta de ahorrar cierta cantidad de dinero, una vez lograda, sola y por impulso propio te hará buscar la siguiente meta. La próxima meta será por una cantidad más grande y es la mejor manera de avanzar en el ahorro de dinero. Mi meta era $10,000 después fue $20,000 y luego mas y más. Podríamos decir que ahora en estos momentos mi meta sería de $100,000 y mucho más. Creas o no, no pararé hasta lograrla. Que mejor momento para que tú también empieces ahora mismo.

Tengo la certera confianza que no empezaré solo ya que tu después de leer este libro serás más que un lector, llegarás a ser mi competencia y viceversa yo también para ti. Será una competencia donde tanto tú como yo tenemos que poner toda la carne al asador. ¿Y sabes por qué? Por que le busques por donde le busques, no nos queda otra. Tenemos que hacerlo, y ya.

Si queremos dar un cambio económico solo hay un camino:
PARAR - PENSAR - ACTUAR.

Eso es justamente lo que jamás hacemos en nuestra vida cotidiana porque no hay tiempo y si lo hacemos nos da miedo. Si trabajamos, nos da miedo perder ese ingreso, peor en los casos de gente que tiene dos trabajos porque eso significa que la necesidad esta siendo mayor y urgente. No pensamos que a veces detenerse por tan sólo un momento nos puede cambiar la vida y la de nuestra familia. Hay que pensar como lograr un objetivo o cambiar cierto rumbo para llegar a un destino mejor. Hay que pensar en lo que estamos haciendo mal o bien para duplicar lo bueno y extinguir lo malo.
Lo más hermoso de esta vida es que si deseamos podemos viajar en cualquier momento sin gastar un solo centavo. Poniendo a trabajar tu imaginación, puedes viajar desde el lugar que sea hasta donde tú quieras de la manera más económica y en benéficio de tu bienestar. Nuestra mente no tiene límite. Nadie la puede parar y espero que jamás inventen una maquina trituradora de sueños aunque conozco mucha gente con esas bajas intenciones, que bueno que aún no existe esta maquina. Entonces para, piensa, imagina donde quieres estar y que tendrás que estar haciendo para poder llegar hasta allí. Tu imaginación te brinda la facilidad de salir y avanzar miles de millas hacia el futuro. Es verdad que existe la maquina del tiempo, esta en tu cerebro, en tu mente. Mira como estas y viaja con tu mente hasta donde quieres llegar te va gustar y es muy económico. Por último, hay que actuar o sea ponerle acción al asunto.

Recuerda, lograremos mucho en la medida que nos detengamos, pensemos y actuemos.

La acción abarca varios temas como la preparación, el estudio de lo que queremos lograr, la forma de aprender muchas cosas más, y como crecer en todo los aspectos para mejorar nuestro futuro. En los libros que te recomendaré aprenderás mil cosas nuevas y te aconsejo que no dejes de leerlos. A partir de este momento, ese debe ser unos de los hábitos que tienes que adoptar. Hay que cambiarlo por algún hábito que no te deje ningún resultado bueno. Si ya tienes el hábito de la lectura, que bueno, te felicito, y si no, tampoco es problema. Entiende que si hay cosas que debemos aprender sin ir a una escuela, las encontraras en los libros y en diferentes nuevos sistemas como audio casettes, DVD, etc. No conozco ninguna escuela que te gradúe con una diploma del cambio, eso lo tenemos que intentar por nosotros mismos y la vida será quien te gradúe, y té de los reconocimientos que te mereces o nos merecemos. Es fácil darnos cuenta con cuantos reconocimientos contamos hasta estos momentos financieramente hablando. Tú cuenta de banco es el mejor diploma. La que tenía yo era el equivalente a la de una escuelita primaria pues eso se reflejaba. Ahora estoy en busca de que esa diploma sea del valor de cualquier universidad ya que busco más, mucho más.

Cuando tenemos metas de cualquier tipo, como en este caso, el de llegar a tener libertad financiera, cualquier descuido es casi fatal. He visto mucha gente que comienza con gran ilusión una meta, como por ejemplo, bajar de peso, dejar de fumar, ahorrar mas, planificar un viaje, una carrera, un negocio, una promesa, una relación, una amistad, aprender a bailar, a cantar, aprender otro idioma, buscar un mejor trabajo, desarrollar una nueva habilidad, y muchas cosas mas. Al iniciar la meta, dan el 100 por ciento, pero luego por razones diferentes, tal vez amigos, situaciones que se presentan, problemas, o otras distracciones, se van apagando esas ganas, esas ilusiones para lograr lo que querían y después de un tiempo los ves nuevamente donde empezaron y ya ni te hablan de la idea que antes hasta casi enfadado te tenía, contándote de sus metas y sus ganas de hacer lo que se propusieron. ¿Te ha pasado? A mí si y muchas veces con diferentes personas y por que no, lo he visto conmigo mismo. ¿Te ha pasado esto? ¿Qué paso? Se distrajeron, se les bajo la batería o algo así.

Si queremos lograr nuestras metas tenemos que hacer hasta lo imposible para lograrlas. Yo prefiero ponerme metas pequeñas que sé que puedo lograr. Y así voy avanzando en el aspecto económico, hago crecer la meta de poco en poco. Si tengo que hacer cosas diferentes para lograr resultados diferentes, pues lo tengo que hacer. Por ejemplo, ahora dejo libros de los que me gusta leer por todos lados de mi casa, en el baño, en el cuarto, en la sala, en cada lugar donde yo este presente los leo, y casi todos me hacen recordar que estoy detrás de una meta y tengo que lograrla. No debemos dejar que nada nos haga abandonar, desistir, posponer, o aminorar las ganas que tenemos. Si nos dejamos distraer hoy, mejor ya no intentemos mañana ya que no tiene sentido engañarnos nosotros mismos. Mira hacia adelante siempre y aunque parezca que esta lejos donde quieres llegar, sé que tu amigo lector, lo puedes lograr. Cada día perdido es una distancia más que perdemos. No nos engañemos, no hay ningún camino fácil para lograr el éxito, en lo que quieras llegar en cualquier aspecto de la vida. Solo triunfan los que más han sacrificado, los que más han entregado y los que más han creído en sí mismos. Si queremos lograr algo, entonces tenemos que tener conciencia de que esa meta, ese reto, trae implicaciones y hay que estar dispuestos a enfrentarlos. A partir de hoy, nada ni nadie nos sacara de ese objetivo. ¿Por qué? por que simplemente nos hemos dicho "ya basta" y queremos resultados diferentes de los que hasta hoy hemos logrado. ¿Y cómo lo vamos a lograr? Tomando actitudes diferentes.

Un pensamiento negativo trae como consecuencia un resultado negativo. Una respuesta negativa es una influencia negativa, y si la cambiamos por algo positivo pues la vibras y las energías recibidas serán positivas. Dicen los expertos que para lograr nuevos resultados tenemos que hacerlo con formas nuevas.

Ahora te pido que intentemos sacar todo lo negativo dentro de nosotros. ¿Cómo? muy sencillo, por cada pensamiento negativo que llegue a tu mente múltalo con una condena de tres pensamientos buenos. Hazlo que pague tres veces por lo negativo. Es un buen pacto que puedes hacer con tu mente y nadie más. Múltalo con cada acción negativa como por ejemplo, juzgar sin saber o estar seguro o sin la información necesaria. Otro ejemplo sería: "no creo que Juan acabe la universidad", o "no creo que María pueda durar mucho tiempo en su nuevo restaurante pues no llega mucha gente" cámbiala y págate la multa tres veces. "Dios quiera que Juan acabe la universidad", "si Juan necesita algo para acabar la universidad lo ayudaré", "me daría gusto que Juan acabe la universidad", con eso pagaste tu deuda con Juan. Ah pero espera, nos falta María, ya que pensaste algo negativo de su restaurante. También tenemos que pagar tres pensamientos positivos para ella, como por ejemplo, "sea como sea, María abrió su restaurante, y la admiro mucho ya que son pocas mujeres como ella" "es que con un poco de esfuerzo, ese restaurante se llenará, y "espero le vaya bien". Ves que fácil es. Practícalo, cada que te des cuenta de un mal pensamiento reemplázalo, con tres buenos pensamientos. Es un método que requiere disciplina. Lo bueno es que nadie se enterará solo tú y tu mente, tu mundo, tu vida, tú "yo" interior y nadie más te lo aseguro. Recuerda que el título de este capítulo es hagamos cosas diferentes para obtener resultados diferentes.

Otra de las medidas que adopté es ponerle un precio a cada mala palabra, a cada lisura dicha, hay que ponerle un precio, ya sea diez centavos, un dólar, un peso, lo que tú creas que sea justo pagar por ese error. Cada vez que se te escape de tu boca, apúntala y lleva la cuenta y prométete que trataras de no volver a decirlas. Acabado el día, se honesto contigo mismo, si dijiste tantas, tanto te corresponde pagar. Júntalos en cualquier alcancía de tu casa y eso dónalo a cualquier iglesia o institución semanal quincenal o mensual, como quieras, pero sé honrado contigo por favor ya que a nadie engañaras solo a ti. Siempre que ya casi estas a punto de porfiar o discutir algo de que en verdad no tienes la seguridad de que así sea y sin embargo lo dijiste o opinaste, múltate. Tú no puedes ser a la misma vez doctor, abogado, policía, contador, mecánico, electricista profesor, economista, ingeniero, y no conozco a nadie con todas estas profesiones para poder opinar en todas estas ramas. Entonces reconoce que el mejor consejo que puedes dar es referirlos a que se busquen un profesional en cada materia. Por cada que opines sin ser tu rama, múltate con algo que te cueste aunque no sea dinero que importa solo que te cueste algo.

Por ejemplo, dona una hora de trabajo al vecino en su jardín, por no contar con un título en esa materia y opinar sin tener la menor idea, no hay mejor consejo en cada situación que la de un profesional. En esa rama, en esa situación, si tú no lo eres y quieres o aconsejas por quedar bien con los amigos date cuenta, no lo hiciste bien, no era tu campo y sin embargo diste tu opinión como los profesionales, solo por lo que escuchaste de otras personas. Eso no se vale, paga lo que debes. ¿Cómo? Esa es tu decisión y el precio que te quieras poner, veras que después de adoptar estas medidas una dos o tres veces no te meterás más con tal de impresionar a las grandes amistades ya que no es necesario y no vale la pena.

La manera más eficaz de hacer cosas nuevas para obtener resultados nuevos es simple. No digas de lo que no estas seguro, no juzgues lo que de verdad no te consta y no opines donde de verdad no eres un experto y ningún titulo te respalda. Aquí tenemos que tener mucho cuidado, ya que si estudiamos nuestra manera de ser, nos daremos cuenta que nosotros mismos lo hacemos mil veces, pero ahora ya sabemos que no debemos hacerlo. Opina solo en el tema que te corresponde y eres un profesional o un titulado. Hagamos todo lo posible por dar un giro en todo lo malo que hemos venido haciendo durante nuestra existencia. Si queremos una vida mejor, pues hay que darle mejores cosas a la vida. Tengo algunos conocidos muy cercanos que desde que se levantan solo son lisuras y malas palabras. Casi no llaman por su nombre a las cosas, no dicen por ejemplo, "se me daño ese auto" sino "se me daño esa mier... de auto", no dicen "se me daño el reloj" si no "se me jo...esta mierd... de reloj" y a cada trabajo le dicen un "trabajo de porquería" y a cada mala situación ellos mismos dicen "estoy salado" "por culpa de esto o del otro no me salen bien las cosas" Sin darse cuenta que solo ellos son los culpables de su propia situación. Si 20 veces al día dices "esto es una mierd...." es lógico que es simplemente por que tu vida en si es una mierd... A veces me llaman por teléfono y prefiero no contestar ya que dicen solo cosas y frases que no quiero oír. Espero que tal vez con esto los ayude un poquito a que se den cuenta por que a veces ni quiero hablar con ellos y cambien su actitud pues cambiandola cambiara sus vidas y al menos ya les contestaré el teléfono con muchas ganas.

Recuerda que si durante el día solo salen de tu boca tonterías, ¿qué crees que la vida te devolverá? Claro que tonterías. Estamos en el proceso del cambio así que recuerda se honesto contigo mismo. No mereces pequeñeces sino grandezas. Recuerdo mis días en Pizza Hut que a veces me toco ver gente que todavía ni había pasado la media hora que el restaurante daba como garantía que llegaría la pizza a su casa, y ya estaban reclamando para no pagarla. Habían transcurrido sólo 25 minutos y los ridículos se demoraban 5 minutos en abrir la puerta y luego otros 10 en llamar por teléfono a la tienda y reclamar. Era lógico que el gerente dijera que se la dejaran gratis, vieras la cara de felicidad que ponía esta gente cuando lograba su cometido. Hasta la baba se les caía de la boca. Les salía gratis la pizza y encima de estar supuestamente molestos por la demora, ni propina te daban. Se creían muy vivos, astutos y tremendamente inteligentes. No se dan cuenta cuanto daño le hacen al repartidor pues, él es el único responsable de la demora y le puede traer problemas incluso el despido de su trabajo si le sucediera varias veces. ¿Crees tú que es justo eso? No de ninguna manera, esa gente piensa en pequeñeces y veras que sera pequeñez lo que la vida les devuelva. No le estas engañando al pizzero, no le mientes al jardinero cuando tratas de buscarle un error a su trabajo para rebajar el precio acordado, no le engañas al mecánico diciéndole que así no se lo trajiste el auto que ahora esta peor. No eres más astuto que el cajero de la tienda que te da cambio demás y a sabiendas te haces el loco y te vas. No le engañas a ninguna compañía devolviendo el producto con cierta excusa después que ya lo usaste y te sirvió, no le estas mintiendo al pintor que después del trabajo le buscas mil palomas y malos brochazos para desacreditar su trabajo y ahorrarte un dinero. No engañaras a la compañía cobrando más horas de las que de verdad has trabajado, o al revés el empleador rebajándole horas al trabajador. No engañas dando un dólar a tu iglesia y gastándote 50 en el fin de semana en diversión. No engañaras a nadie tratando de cobrar más con un precio que tu sabes que no es justo y no engañas a nadie haciéndote pasar por alguien que en verdad no eres, como una profesión que la empezaste y nunca terminaste no engañaras a nadie diciendo que eres soltero sin serlo, no engañaras a nadie vendiendo libros o discos piratas, la vida igual te dará sorpresa piratas y así hay miles de ejemplos que te puedo poner solo para decirte, amigo lector, no engañas a nadie solo estas engañando tu propia vida. Será tu propia vida la encargada de engañarte a ti. El mundo esta lleno de energía y si das y contribuyes buena energía recibirás lo mismo. Yo tengo una manera muy diferente y particular de decir esto.

Ahora en los tiempos modernos y los avances de la tecnología, casi el 80 por ciento de todo lo que funciona es eléctrico. El mundo se mueve hoy en día gracias a la electricidad. Hasta los rayos y los truenos están basados en electricidad. Todo se mueve a base de esto. Ahora sabemos que la electricidad esta compuesta de dos polos, uno negativo y uno positivo. Solo puedes agarrarte de uno. Solo recuerda si te agarras de los dos, te electrocutas, así que yo quiero sujetarme bien del polo positivo. Hagamos cosas diferentes para obtener resultados diferentes. Me voy a enfocar un poco mas en esto pues de verdad, es este paso lo que marcará la diferencia entre el éxito o el fracaso, la abundancia o la escasez, el sueño o la pesadilla, la paz o la violencia, la claridad o la oscuridad. Por cada acción negativa que te des cuenta que tomas, peléala, que la puedes evitar.

Recuerda, para, piensa y actúa positivamente.

Evita lo negativo ya que no vale la pena. Por cada golpe que quieras darles a tus hijos, para y que seas tu mismo quien reciba unos buenos coscorrones o pellizcotes. Tu mismo debes propinártelo porque no ganas nada con la violencia y transmitiéndole la misma a tus hijos. Cuando no seas amable con las personas mayores y sabes que pudiste ser más amable, jálate tu mismo las orejas. Cuando llamas tan solo por molestar a alguien y calumniar a otra persona, tratalo igual poniéndote un castigo. Jálate las orejas cuando pierdes el control y ya casi respondiste mal pero muy mal a tus padres, a tu pareja o tus hijos. Pide perdón y aprende a pedir disculpas y jalarte las orejas. Pide a tu interior que no vuelva a pasar y que te ayude a cambiar esa actitud. Para mí, hay una manera muy bonita de pagar mis errores más grandes que he cometido. Poco a poco voy logrando desaparecerlas de mi vida. Por cada acción mala que se te escapó y no te controlaste, como por ejemplo una ofensa a una persona o una opinión mala de como es la persona, juzgar sin saber si es bueno o es malo, si es inocente o culpable y tu ya tomaste tu propia conclusión, sin saber ni pensar por que. Aquí entonces hay que pagarle a la vida. Pero págale con algo que ella sepa que le estas retribuyendo por tu mala acción. A mí me encanta sembrar cada vez que me pasa algo así. Le pido a Dios que me perdone y que me haga cambiar esa actitud, porque quiero una vida mejor. Yo le pago a la vida sembrando una planta por mi error y cada vez hago menos cosas de estas pues cuesta trabajo ir a comprar la planta y luego hacer su hoyito en la tierra para sembrarla. Me encanta esta manera de pagarle a mi vida mis errores ya que nadie me los enseñó, nacieron de mí.

Siempre estaremos buscando soluciones en el exterior a través de alguien o algo. Este "alguien" o "algo" son los culpables, de la situación, o la mala suerte. Jamás nos damos cuenta que el error simplemente estuvo y estará dentro de nosotros. Antes de consultar a cualquier sabio, cualquier profesional o experto, primero debemos consultarle a nuestro mayor genio que nos acompaña noche y día los 365 días del año. Nuestro "yo" interior tiene la sabiduría que la vida y los Dioses nos dejaron de tarea para triunfar. Solo los que logren alcanzar ese don de poder buscar respuestas primero en nuestro interior lograran el éxito. Antes de buscarlas afuera de nosotros, si tu como ciudadano das un cambio para vivir mejor con tu familia, das lo mejor para ser un buen padre y todos lo aplicaríamos al mismo tiempo, veras que los resultados serian en forma de cadena enlazados unos a otros. El resultado sería así, cambias tú, luego cambia tu casa, al cambiar tu casa, cambiaria tu barrio o tu vecindad, al cambiar tu vecindad cambiaria tu ciudad y con todas las ciudades en ese cambio tendríamos un país mucho mejor en bienestar de todos nosotros. Sabemos que es difícil pero no imposible. Viviríamos en un mundo mejor para todos nosotros. Lamentablemente no todos pensamos igual y no todos buscamos lo mismo. Recuerda y aplica estas reglas o consejos en tu vida. Después hablaremos de los resultados y veras cuan beneficiado saldrás aplicando todo esto.

Depende del cambio que des, tu vida cambiara y de no hacerlo exactamente así, terminaras.

Para Hacer Más Dinero, Tenemos que Conocer Mucho Más Acerca Del Dinero y de Nosotros Mismos

Capítulo 11

Siempre que vamos a obtener o comprar algo para el beneficio nuestro, lo primero que hacemos es estudiar la situación. Indagamos mucho acerca de lo que queremos y después de una serie de análisis optamos por obtenerlo. Como ejemplos, pondré unos cuantos. Al comprar una casa, estudiamos la zona, preguntamos si el área es tranquila, si los barrios colindantes están libres de delincuencia, y tratamos de obtener la mayor información posible acerca del vecindario. Inspeccionamos la casa detalladamente por dentro y por fuera, hasta anotamos en libretas todos los detalles que pensamos que deben ser de utilidad, cosas que tal vez deben ser reemplazadas y un sin fin de detalles. También hay gente que antes de comprar la casa, busca una asesora experta en esta materia de la compra y venta de casas o que nada tenga que ver con el agente o propietario de la vivienda para que les ayude. Después de tomar en cuenta diferentes consejos y de llevar acabo muchos análisis, estamos listos y dispuestos a comprarla. En cuestión de los estudios, elegimos cual escuela o cual universidad es la mejor para nosotros o para nuestros hijos y siempre optamos por la que supuestamente es lo mejor. Para hacer la elección de cualquier cosa, de igual manera utilizamos el mismo proceso que utilizamos para comprar una casa. Hacemos un estudio o análisis de lo que nos conviene. Cuando vamos a comprar un auto nuevo o usado, primero lo probamos, lo estudiamos detalladamente y hasta elegimos el color que más nos guste si es nuevo. En algunos casos hasta optamos en pedir el consejo de un buen mecánico y basado en las respuestas que obtengamos del mecánico, decidimos si el auto es nuestro. De igual manera, cuando vamos a empezar algún negocio estudiamos todos los pros y los contras que esta inversión nos pueda traer y también en muchos casos los que saben hacer negocios solicitan la ayuda de un experto. Hasta el simple hecho de comprarnos ropa requiere de una serie de detalles y de estudio. Consideramos si es nuestra talla, si nos gusta el color, y si nos sentimos cómodos, al rato nos vemos en la caja pagando para llevarnos el traje que más nos gusto. Cuando necesitamos los servicios de un técnico, jardinero o cualquier otra persona para que nos haga un trabajo, hay primero una serie de estudios que llevamos acabo. Si es experto, si es bueno en su desempeño, y comparamos precios.

Así que en todo lo que queremos o necesitamos hay primero un estudio que indagamos o hacemos y nos empapamos del asunto. Otros ejemplos para recalcar mi punto son: Cuando alguien quiere bajar de peso busca al mejor doctor, o al profesor más experto en un gimnasio. Algunas personas que no desean consultar a un profesional ni gastar dinero, apenas ven al otro gordito que empieza a bajar unos kilos le preguntan e investigan como le están haciendo y pide que le pase la dieta, para ponerse a dieta ellos mismos y seguirla de inmediato. De la misma manera cuando necesitamos la ayuda de un doctor o especialista para algún familiar o para nosotros mismos por que la salud no esta del todo bien, buscamos y investigamos y hacemos lo imposible por dar con el mejor médico. Cuando vamos a realizar unas vacaciones la planeamos y vemos que lugar nos gustaría ir. Investigamos ese lugar y aprendemos más de él antes de llegar a estar allí. Sería interminable la lista de las cosas que hacemos en nuestra vida, donde a la hora que necesitamos algo y antes de obtenerlo, primero te exige una serie de estudio y averiguaciones para estar seguros que nuestra decisión será la correcta.

Si analizamos todo lo que hemos mencionado y utilizado como ejemplos, nos damos cuenta que para todo, el factor principal es el dinero, y sin embargo es casualmente del dinero en si, que jamás investigamos ni lo estudiamos. Es casi incomprensible esto, pero es factor número uno y el principal tema de todo este libro. Es el bendito dinero y que jamás intentamos conocer más acerca de él. El dinero tiene sus reglas, el dinero tiene sus secretos, el dinero tiene mucho que esta escondido, que esta reservado sólo para las personas que están interesadas en aprender en verdad acerca de él. Toda esa sabiduría esta allí lista y al alcance de tus manos, mas sin embargo es muy poca la gente en este planeta que indaga, o investiga acerca del dinero. La realidad es que todos queremos mas dinero pero son muy pocas las personas que actúan y investigan mas sobre el dinero para poder conocer y obtener mas de este. Si queremos obtener mas cosechas en nuestros sembradillos a pesar de no ser hombre de campo, me imagino que con un buen regadío, una buena fertilización, y/o la acesoría de un gran experto en el campo obtendré buenas cosechas. Si queremos que nuestro equipo de fútbol favorito sea campeón, esperamos que contraten a los mejores futbolistas y gerentes. ¿Por qué entonces si queremos mejorar nuestra situación económica, no aprendemos sobre la base principal que es el dinero? Té repito que no importa donde vivas en cualquier lugar del globo terráqueo, en cualquier país donde te encuentres donde existe el dinero, lo puedes hacer, en realidad no hay excusa, aprendiendo mas del dinero podrás hacer más dinero donde sea que vivas. Aunque estés en el más remoto lugar, si se maneja dinero, puedes hacer mucho dinero si te lo propones, e investigas acerca del dinero no importa cual sea la moneda del país donde estés.

El éxito de cada persona depende mucho de lo que aprendió, y de lo que se esforzó para mejorar su vida y si dio lo mejor de sí para lograr llegar a donde esta. Hay deportistas por ejemplo con un gran talento natural que pese a ese gran don, jamás se distraen y siguen practicando y siempre tratan de saber mas para superarse en su deporte, el resultado de esos esfuerzos es que obtienen millones. Igual los artistas aprenden y estudian y buscan la manera como perfeccionarse cuando de repente con un solo disco, una sola película y le pegaron al millón. Todos estos seres que han logrado el éxito y el crecimiento financiero para que me entiendas bien, todas estas personas que han logrado acumular millones en sus cuentas bancarias son seres humanos, ¡sí! Seres humanos. Si tú eres uno de su misma especie que bueno, entonces puedes hacerlo también por que yo si soy un ser humano y lo estoy logrando poquito a poquito. La pregunta que más me hacia era si quiero aprender mas del dinero ¿cómo lo hago? ¿Por dónde empiezo? Si todos al mí alrededor están iguales o peor económicamente que yo y solo sobreviven de cheque a cheque. Si estas conforme con sobrevivir y trabajar solo para eso, detente, no hagas nada. Con lo que has hecho hasta el día de hoy esta más que bien, no pierdas tu tiempo, cierra el libro y ponte a ver televisión o sal a platicar con tu vecino. Pero si de verdad estamos deseosos de cambiar nuestra vida económica adelante continuemos.

¿Por donde empezar? Es la pregunta que siempre me hacia y de repente es la pregunta que a veces te haces, amigo lector. Mi respuesta sería que si de verdad lo deseas, si de verdad lo sientes en tu corazón, si de verdad lo vas a hacer por el bien tuyo y de tu familia, el primer paso que deberíamos dar es estar completamente seguros. Seguros de por que y por quienes lo tenemos que lograr. No creas que basta leer un rato y ya listo la magia de la grandeza caerá sobre tu techo automáticamente. No, mentira, no nos engañemos. Si estamos consientes y dispuestos a pagar el precio de lo que esto implica lo lograremos. Entonces el primer punto por donde podemos empezar o de donde debemos empezar es desde el fondo de nosotros mismos, ya que allí esta el inicio de la grandeza. Si, de verdad, si tú y tú "yo" interior lo desean, harán lo imposible por lograrlo. Nivela tu interior con tu exterior y ponlos de acuerdo. Platica con el todas las noches y si de verdad están dispuesto a dar el 100%, y cuando encuentres la respuesta desde tu interior, estarás listo para iniciar. El resto vendrá solo. Después que estés decidido a lograrlo, hay que reconocer que tenemos que saber más acerca del dinero, que tenemos que aprender mucho de él, y que todo este tiempo simplemente estabas descuidado. Hay que aceptar que solo aprendiendo más del dinero obtendremos más dinero, que si seguimos ignorando su aprendizaje él nos ignorara a nosotros. Así que uno de los primeros pasos es el aprender de la gente que tiene y disfruta el éxito, si no es por medio de alguien que nos enseñe como podemos aprender, ¿cómo lo lograremos? No hay mejor escuela, o mejor enseñanza que de alguien que ya pasó por este camino. Tenemos que reconocerlo y por favor jamás envidies ni mires mal a un ser que esta mejor económicamente que tú, así sea un millonario. Por el contrario admíralo, deséale lo mejor y aprende de él, ese hombre si sabe del dinero y es sobre el dinero que necesitamos aprender.

Hay que parar de contar nuestros errores pasados, ya que lo pasado, en el pasado esta. Pidamos perdón por todos nuestros errores a la vida, la vida nos perdonará y empezaremos nuevamente para poder cambiar nuestro modo de pensar. Recuerda que tenemos que aprender a pedir perdón. Cuando aprendes a pedir perdón, esto viene cargado de diferentes consecuencias positivas para tu persona que pocas veces acostumbramos a utilizar en nuestra vida cotidiana. Aprendes también a pedir disculpas, a pedir por favor, a pedir que te enseñen, a pedir comprensión, a pedir una explicación, a pedir un consejo, etc. Después del perdón es más fácil pedir todo, y ten en cuenta que el desarrollar estos atributos, es necesario para crear tu riqueza así que tienen relación entre sí. Observa y estudia la manera de pensar y expresarse de la gente con riquezas y compárala con la gente que no tiene nada. Notaras una gran diferencia de expresiones y comportamiento. Es casi una regla en nuestro camino hacia adelante para conocer y tener una mejor relación con el dinero.

Si nos ponemos a observar y estudiar detalladamente la manera de pensar y de expresarse entre la gente que tiene dinero, la que tiene algo, y la gente que no tiene nada, fácilmente notaras que hay una diferencia muy notable. Es necesario aprender que es como cosa de magia o por regla general él que no tiene una buena relación con el dinero, no tiene buena relación en muchos aspectos de la vida en sí. Cuando tienes el poder económico en tu mente, tendrás el poder de sobrellevar desafíos en diferentes circunstancias. De otro modo cuando se nos presentan cosas apremiantes, o cosas un poco difícil y en donde el gasto es necesario, y peor aún si es urgente, los días se vuelven difíciles. Quieres vencer pero no puedes, tan solo te conformaras con la frase celebre "que Dios me ayude" o si es un problema de una segunda persona, dirás "que Dios lo ayude". Cuando el problema es ajeno a ti pensaras que con ese deseo ya ayudaste bastante, pero cuando lo vives en carne propia, la desesperación, el estrés y el no poder hacer nada te afecta mucho más que el mismo problema en sí. Muchos divorcios se originan por la falta de dinero y muchas personas se mueren antes de tiempo por falta de dinero, por que no logran cubrir los gastos necesarios que el tratamiento requiere. Esto es también parte de aprender a tener una buena relación con el dinero, por que tienes que pensar en ti, por los tuyos y por alguien más aparte de los tuyos, que sabes que necesita de ti. Así como sabemos que el agua es necesaria para las plantas, tenemos que entender que el dinero es necesario para nosotros para poder sobrevivir.

Por último, en este capítulo donde discutimos la importancia de tener una buena relación con el dinero te repetiré una vez mas, que tienes que tener una buena relación contigo mismo y te ilustraré porque. Para toda buena construcción lo más importante es la base del edificio. Imagínate el edificio más alto y más grande que te puedas imaginar. Ahora, la base o los cimientos del mismo edificio es lo principal. Cuanto más sólido sea, más resistente o fuerte se convierte. De la misma manera sucede con nosotros cuando construimos nuestro cimiento al tomar nuestros primeros pasos al tratar de fortalecer nuestro propio espacio, nuestro propio terreno, nuestra propia obra o proyecto. No soy ingeniero, recuerda que no tengo ninguna profesión, pero creo tener la certeza de que si lo consultas con un buen ingeniero civil, te confirmará lo que te estoy diciendo.

Todo inicia desde tu mismo ser. Tú lo encierras todo. Esta en ti buscar mas acerca de ti mismo y si lo logras, te dará como resultado entender mas acerca de todo a tu alrededor. Jamás he visto a alguien regar el jardín cuando esta lloviendo mas sin embargo vemos a muchos que saben que esta mal lo que están haciendo y simplemente lo siguen haciendo.

Para aprender más acerca del dinero es necesario aprender un poco más acerca de ti mismo también.

La Verdad y el Dinero Son Socios

Capítulo 12

¿Cómo estás? "Bien" es la respuesta de la mayoría de la gente cuando se saludan. Para una gran mayoría no digo que todos, es una gran mentira. Si alguien me preguntara ¿cómo estás? Yo diría "bien pero quiero estar mejor". Sólo cuando logre imprimir este libro y publicarlo estaré mucho mejor, ¿por qué? Porque es mi sueño, es mi deseo y lo mejor de todo, es que son muy pocas las personas con la misma condición económica que yo, que se han puesto una meta como esta. Así que "ahora estoy bien pero quiero estar mejor" sería mi respuesta, que es la verdad y la verdad tiene mucho valor. Una verdad vale más que cien mentiras. El lograr eliminar las mentiras de nuestra vida es un reto muy importante ya que cuando decimos una mentira, a los únicos que engañamos somos a nosotros mismos. Para crecer como personas tenemos que auto instalarnos nosotros mismos esa gran maquina detectora de la mentira. Es mil veces mejor decir un "no sé" que un "estoy seguro" de algo que en realidad no sabemos. Existe gente que te dice un mar de mentiras con tal de obtener tu dinero, y tal vez lo logren, pero el resultado será que el dinero en sus manos también se vuelve una mentira y por lo tanto se le desvanece como agua entre las manos. Aprendamos a eliminar las mentiras de nosotros mismos. En cada conversación donde nos hemos percatado de que dijimos una mentira actúa de inmediato y cámbiala por una verdad. Si ponemos en practica esto, cada día en poco tiempo saldrán las mentiras de nuestro ser. En mi humilde modo de pensar te diría que cuando uno se acostumbra a decir mentiras como resultado obtendrás una vida falsa. Si solo mentiras damos, solo mentiras recibiremos, así de sencillo es.

Antes de hablar mal de una persona o de juzgarla sin tener la más minima idea acerca de esa persona piénsalo dos veces. A veces llegamos a repetir un mal concepto que tenemos de otra persona, por que así nos lo describieron, pero es mucho mejor no opinar ni dejar que esa mala imagen ni la mala influencia del sujeto sea transmitida a tí a través de otra persona. Si no la conocemos, es mejor simple y sencillamente no opinar ni juzgar. Cuando damos excusas falsas a veces por llegar tarde al trabajo nos engañamos a nosotros mismos. No le mientes al supervisor o a tu jefe, cuando llegamos tarde, porque nos quedamos dormidos, si es así, jamás vamos a cambiar ese mal habito, y por lo tanto, no nos veremos obligados a corregir esos errores, y cada vez que nos pase, tendremos mil excusas hasta que se cansen de nosotros y nos boten del trabajo. Si por el contrario desde la primera vez decimos la verdad y pedimos disculpas y nos comprométenos a que no volverá a pasar por temor, o por vergüenza y por que ya te has dado cuenta del error, harás lo posible para que no vuelva a suceder. Recuerdo haber estado en esta situación en alguna ocasión de mi vida. Para remediar mí mal hábito, tuve que comprarme tres despertadores más. Aún así, recuerdo que me paraba y los apagaba y luego por tener unos benditos 5 minutos más de sueño, me dormía y me despertaba 50 minutos después. Recuerdo que en una ocasión contraté a la madre de mi cuñada Ida Vicente, la Señora Yolanda Colotta que en paz descanse. Tenía un buen negocio conmigo ya que hice un trato con ella, de que tenía que despertarme a las 5 a.m. todos los días para ir a mi trabajo y que le pagaría 5 dólares diarios si lograba que saliera de mi casa a las 5:40 a.m. Mi trabajo quedaba a tan solo 8 minutos de mi casa en auto. Así lo hice por mucho tiempo y jamás volví a llegar tarde, pues ese mal hábito desapareció.

Yo me pregunto ¿si reconozco que estoy todavía un poco mal en cuestión de dinero, por qué quiero más y mucho más? ¿Dónde o con quien voy a encontrar la respuesta? La respuesta es que con nadie ni en ningún lado. Una vez que haya reconocido mi verdad de que necesito más dinero y mucho más, automáticamente empezaré a buscar los medios de como obtenerlo y pensar que es lo que debo hacer. Es mi verdad la que me impulsa. Recuerdo que en cierta ocasión, se me presentó un trabajo de pintura donde en la solicitud y la entrevista decía que era necesario tener suficiente conocimiento de la pintura tanto interior como exterior. En ese tipo de trabajo, yo solamente llegue a ser ayudante de pintor. Sabía mucho en teoría pues tenía la grabadora mental cargada de toda la información que había escuchado de los verdaderos pintores con los que trabajé como ayudante. Sin embargo, yo acerté fuertemente en decir en la solicitud y en la entrevista que tenía la experiencia y el conocimiento para desempeñar ese trabajo. Hasta el propio dueño de la compañía se quedo convencido de todas mis respuestas que de inmediato me mando a pintar una oficina. Dado a que ya supuestamente tenía experiencia, me inicie con un gran sueldo. Me dieron los materiales necesarios y me marchó al edifico a iniciar mis labores. Cuando llegue al lugar donde tenía que pintar, la verdad es que estaba más perdido que un gato en fiesta de perros pero mi astucia me hizo recurrir a mis hermanos y amigos que si sabían del arte de la pintura.

Después de recurrir a ellos, me sentí más confiado y casi después de tres días de trabajo acabe de pintar la oficina. Así que cuando termine, llame a mi hermano para que fuera a revisar el trabajo, y cual habrá sido su sorpresa, al ver a la secretaria trabajando en su maquina de escribir me preguntó si esos tres días ella también había estado trabajando en la oficina, y pues la verdad era que si. Había lijado todo el local de la oficina antes de iniciar a pintar como me lo habían explicado mis asesores. Imagínense esa polvadera y ella adentro del edificio todo el día. Claro que el primer día salía cada 15 minutos la valiente mujer a tomar aire fresco. Bueno, después de inspeccionar mi hermano todo el trabajo me dijo que era "una verdadera asquerosidad" lo que había hecho. Desde la computadora hasta el piso, todos los marcos de las puertas y ventanas estaban súper salpicados de pintura ya que no había cubierto nada, y lo peor de todo era que el dueño había confiado tanto en mí que solo esperaba que le dijera que ya estaba listo para venir a revisar. La torpeza más grande que cometí esa mañana fue que le dije que esa tarde ya podía inspeccionar porque ya había terminado mi trabajo en aquella inolvidable oficina. Por los tantos errores que cometí en mi obra de arte, era lógico que no me diera el tiempo para corregir semejantes desastres. Cuando llegó el dueño y vio lo que sus ojos estaban viendo, su primera reacción fue reírse.

Él mismo tuvo que corregir y empezar a arreglar todo el daño que cause. Al menos creo haber notado por la expresión de su rostro que decía en su interior, "eso me pasa por confiado, al menos una buena lección saco de todo este desastre". A mí me toco descubrir que no soy bueno para la pintura, que debería haber puesto más atención al trabajo en lugar de en el salario que recibiría. Estaba tan bien el pago acordado que me concentraba más en los números y en las matemáticas laborales. O sea sumando y restando, cada 5 minutos cuanto iría a ganar con semejante sueldo.

Ahora entiendo por que la secretaria jamás me dijo nada, si vio la alegría en mi rostro por haber obtenido el título de pintor cuando yo jamás lo fui y menos de interiores ya que solo ayudaba a pintores de exteriores y no era lo mismo. Quede muy agradecido con el dueño de la compañía pues a pesar de todo, no me despidió del trabajo, me bajó a ayudante, me disminuyo el sueldo, mis ingresos y yo descendimos varios escalones. Lo bueno de este personaje, dueño de la compañía de pintura llamado Sat, fue que me dijo que me admiraba por ese valor que tuve y que al menos lo había intentado. Té relató toda esta pequeña historia, para que veas lo que me causó una gran mentira. ¿Fue culpa de alguien más? No de nadie, solo mía y nada más que mía. Así que jure no volver a hacerlo. Si me hubieran cobrado todos los daños, ¡qué problema!

Así actuamos muchas personas, yo sé que la necesidad nos lleva a mentir para conseguir un buen trabajo pero no es necesario. Yo creo que si hubiera sido sincero con Sat, en decirle que era ayudante y que deseaba aprender pronto para convertirme en un verdadero pintor, me hubiera dado la oportunidad. Gracias Sat.

Aprendí una gran lección en ese trabajo. Aprendí que una mentira me pudo haber causado un lío muy grande y no tenía por que pretender ganar un sueldo de pintor sin serlo, me mentí yo mismo y no volverá a ocurrir. Todo lo contrario, la verdad nos abre muchas puertas y la puerta más grande es la de nuestra propia mansión. En toda buena relación entre personas, ya sea de amistad o familiar, cuando primero anteponemos la sinceridad, se hace más fuerte y más profunda esa relación. Cuando nos expresaran nuestros defectos y también nuestras virtudes, si hay cariño sincero, solo nos enfrentaran a nuestros defectos con la única intención de corregirlos, más no de herirnos. Así lo sentiremos en nuestro interior, y hasta agradeceremos por hacérnoslo saber y ayudarnos a ver nuestros errores. Pero si esa sinceridad no la percibimos, nos sentimos mal de que solo lo manifestaron con la intención de herirnos.

La verdad, la sinceridad y la realidad son nuestros elementos para formar una base sólida. Una gran verdad de mi parte sería manifestarte que no soy doctor ni terapeuta y solo es una opinión personal, es mi punto de vista y es mi propia experiencia. Si quieres mas información acerca de sí tengo o no-razón, será un profesional o tu propia experiencia la que té de una verdadera respuesta. En esta parte del libro quiero compartir contigo una parte de mi verdad. Lo primero que te diré es que aprendí que me faltaba una buena relación con Dios. Me faltaba una buena relación con mi ser. Me faltaba una buena relación con mi salud. Me faltaba una buena relación con mi economía o sea mi dinero. Me faltaba una buena relación con mi planeta o sea con mi propia naturaleza en sí. Me faltaba una buena relación con mi familia, y tal vez me falta una buena relación con el resto de las personas a mí alrededor. Por eso al escribir estas líneas les pido perdón a todos por no haber sido sincero en algún momento conmigo mismo y disculpen mi ignorancia.

Siempre escuchamos decir que el errar es humano. Yo diría que si es, pero seguir en una vida errada sería como la vida de un caballo, sin ofender a los bellos animalitos. Digamos pues, que tendríamos que vivir para siempre con unas herraduras en nuestros pies. Y esos cuatro pies con herraduras serían la mentira, la duda, la desconfianza, y la incertidumbre. Todo por no enfrentar una verdad. Algunas de las personas que admiro por saber enfrentar su verdad son: El alcalde Rudog Guiliani de New York, quien admiro por ese liderazgo que mostró en los momentos más difíciles. También admiro a la señora Hilary Clinton y al señor Bill Clinton, ex presidente de Estados Unidos. Admiro a la cantante Jenny Rivera de la Dinastía Rivera, por no temerle al escándalo ¡que valiente mujer! Al salsero Víctor Manuel, pues pocos artistas dan la cara como él lo hace por su familia sin importar el "que dirán" o "en que puede afectar mi carrera" "Es mi hermano y punto" admirable. Al puertorriqueño José Feliciano, a pesar de su defecto, siempre tiene un buen chiste en la boca y su buen sentido del humor y su música nos llega al alma. Al gran Joan Sebastián, se tiene que ser muy valiente y más fuerte que King Kong para que después de unos golpes tan duros, pueda darle gracias a la vida con tanta seguridad y serenidad. Al cantante Ricardo Montaner, por esa realidad donde él no solo pone un grano si no camionadas de arena. En todos ellos hay mucho que aprender. Aprender como saben y entienden su realidad, y como la enfrentan sin tener que negarla o simplemente evitarla y esa si fuese una mentira. A todos ellos los admiro por eso. Tú también puedes aprender mucho de ellos lector. El aprendizaje lo necesitamos, habrán muchos personajes más que tú puedes elegir pero lamentablemente no sería suficiente este espacio para tantos ejemplos que podríamos mencionar.

Ya que vemos que la verdad y el dinero son socios, hay que aprender a solo hablar con puras verdades.

Sinceramente pienso que por mucho tiempo estuve viviendo en un gran error y no me daba cuenta que en mi vida tenía que buscar la verdad.

Existen los Milagros - tú También Puedes Hacer los Tuyos no Dejes Todo el Trabajo a lo Celestial

Capítulo 13

Tal vez habrás notado como mucha gente deja casi todo en manos de Dios. Si no hay comida, "Dios proveerá", si no hay salud, "ya nos pondremos mejor con la ayuda del Señor", si no hay dinero, pues "así lo quiere Dios, ya vendrán tiempos mejores", y para cualquier mala situación, el pedido es que Dios nos ayude. O "si Dios quiere, saldremos adelante". No quiero decir que esto sea malo, esta bien, solo que para mi humilde manera de pensar, creo que tenemos que desahogarlo y quitarle un poco de trabajo a nuestro Señor, debe estar tan ocupado con tantas peticiones de tanta gente que tan solo imagínate si tuviéramos que esperar según la lista de peticiones que vaya recibiendo. Nuestra cultura, nuestra sociedad y nuestros gobiernos tal vez sean culpables de esta manera de pensar. Desde pequeños ya estamos buscando como bautizar a nuestros hijos por que así nos enseñaron nuestros padres. Imagínate un bebé de tres meses o un año sin ni siquiera tener derecho a la elección ya le están imponiendo por regla general y tradición o costumbre que tiene que ser bautizado. Luego, después de la ceremonia, sigue la gran fiesta, aunque los únicos que gozan el cien por cien son los invitados. A los que les gusta comer, comerán hasta saciarse, los que les gusta beber, lo harán hasta ya no poder mas y a los que les gusta cada ocasión para poder salir a divertirse ya la tendrán. Todos salen beneficiados excepto la familia que en algunos casos hasta endeudada queda después de la gran fiesta, ¿y el pequeño? Ni cuenta se dio por que se realizó tremenda fiesta y semejante gasto y lo peor que sin ni siquiera preguntarle a que religión quería pertenecer, y si estaba de acuerdo o no. No estoy en contra de esta practica, para nada, de verdad, la religión puede ser una de las doctrinas que me parece que los niños y los jóvenes deberían conocer, pero solo eso, conocer o saber mas de cada religión y más tarde, al llegar a una edad razonable, ellos mismos decidir cual es la que mas los llenó. Todo lo que he leído y sé de la palabra del Señor es que Él decía "dejad que los niños vengan a mí", no recuerdo haber escuchado la frase "obligad a los niños a que vengan a mí y si no quieren, aunque sea de los cabellos tráiganmelos", sin embargo, es lo que casi prácticamente nos sucede cuando somos niños. Yo recuerdo claramente la fe católica de mi madre, y de verdad estoy muy orgulloso por toda la bondad que tenía esa gran mujer con el prójimo. Si tenía que dejar de comer para darle al vecino, sin dudarlo lo hacia. También recuerdo que el martirio más grande del fin de semana era cuando ella me llevaba a misa, casi por obligación y sin ninguna explicación pedía que me sentara peor que un militar, con la postura de guardia en cualquier palacio o casa presidencial de cualquier país, sin la mínima intención de hablar, moverme y menos gritar. No saben que tan torturante resultaba para mí, imagínense un niño junto a otro niño, es como el encuentro de dos animalitos, o para hacer mejor el punto, el encuentro de dos palomas con unas ganas inmensas de echarse a volar. Yo quería correr hacia el otro niño, quería jugar, de por sí, no nos dejaban salir de pequeños a jugar y el tener a tantos de mi misma especie y tan cerca, y yo sin poder correr hacia su lado y gritar o reírme de que se me caía el moco o de ver que el otro se ría de mí por lo mismo y yo sin poder llorar, reclamar o expresar la burla de ese niño, que tortura por Dios. Algunas veces intente reaccionar pero después del jalón de cabello de mi madre, jamás intente nuevamente. Esas son parte de las costumbres y las enseñanzas que nos han transmitido por generaciones por herencia de nuestros abuelos y de los abuelos de nuestros abuelos. Y cuidado que si eres niño inquieto, el sufrimiento será mas duro. Y la esperanza de los padres para que el milagro suceda más rápido y los pedidos para que Dios y todos los santos me lo tranquilicen a mi hijo serán triplicados. Óiganme no es que no tengamos fe, yo sé que la fé es grande, pero también sé que no todo me lo solucionarán las fuerzas celestiales. También sé que debemos aliviarle el trabajo a Dios. Si mi hijo es demasiado inquieto, o hiperactivo, lo mejor sería llevarlo a un especialista o a un profesional de la materia para que me ayude. Hay problemas, y situaciones que si las dejamos y

120

esperamos a que nos ocurra el milagro, en esa espera se nos pasa el tiempo y no encontramos la solución.

Pienso que la mejor manera de llegar a superar nuestras malas situaciones y basándose en nuestra propia fé, sería con un poco mas de oración y mucha acción, no dejemos todo el trabajo a lo milagroso. Pensemos que para un mejor resultado, hay algo más difícil de llevar acabo y eso es nuestra acción, Los milagros existen, y de eso no hay duda, ¿sabes que? La verdad es que debemos pensar que también nosotros podemos hacer nuestros propios milagros sin necesidad de ser santos o vírgenes. La necesidad es grande en este mundo y la gente que necesita es mucho más en cantidad que la gente que no necesita. El hambre, el frió, y la falta de salud es una necesidad con la cual tú puedes darte la oportunidad de hacer tu propio milagro. Así ayudas a los santos, a los ángeles, a los arcángeles, o Dioses de los cuales creas. Hay gente que tiene hambre y solo tú puedes hacer el milagro de darles algo de comer. Hay gente que tiene frió y tú puedes hacer el milagro de darles un abrigo, así como también hay gente que necesita salud y nadie mas que tú puedes darle ese pequeño apoyo económico tan milagroso que necesita la persona para una operación o un transplante. Sabemos y estamos conscientes de que los milagros existen. También tenemos que estar conscientes de que nosotros mismos podemos hacer obras maravillosas, en beneficio de los demás.

Como anécdota, te voy a contar algo que me paso. El día de las madres, es un día muy especial que a mi parecer deberían ser todos los días. Bueno la mía ya no esta en este mundo y desde que ella partió, cada día de la madre a parte de saludar a todas las que puedo, mi compromiso siempre ha sido hacer algo especial ese día por alguna madre. Estaba comiendo en un restaurante que se encontraba casi lleno, pues muchos estaban festejando a sus madres en este restaurante, cuando de repente entro una mujer con sus dos hijos tal vez uno de 8 y el otro de 12, los dos junto con la madre recorrieron las mesas ofreciendo vender rosas blancas. Lamentablemente no vendieron ninguna y antes de llegar a mi mesa, se salieron del restaurante y siguieron andando por los negocios del lado. Era increíble, pensar lo que mis ojos estaban viendo en el día de las madres. Todos se encontraban festejando con sus madres cuando llega una madre con sus dos pequeños hijos a vender unas rosas para poder ganarse unos centavos y tal vez irse a comer con sus hijos. Lo triste es que de tanta gente en el restaurante, nadie le compro, ¿increíble verdad? Después de analizar un rato la situación, mi "yo" interior me manda la señal de "listo, aquí esta lo que andabas buscando". En este día solo escuchaba que desde adentro me decían "hazlo". Así que ni pensarlo, deje la comida, pague la cuenta y salí en busca de la vendedora. La encontré unas cuadras más allá y le pregunte cuanto costaba cada rosa. "3 dólares" me respondió". Le respondí; "no se preocupe señora, su día de trabajo ya se acabo. Dígame cuantas rosas tiene, no me interesa cuantas sean, las que tiene en su bote démelas, todas las necesito". Por que era lo que en verdad estaba buscando, quería regalarle rosas a todas mis amistades y familiares que sean madres. También le pedí permiso si podía hablarle a los pequeños y felicitarlos por lo que estaban haciendo para ayudar a su madre y que por eso se merecían una propina. Después de pagarle todas las rosas y darle la propina a los niños, vi en sus rostros la alegría y emoción que mostraban los tres, ¡WOW! vendieron todo y encima les cayo propina, me imagino que pensarían que fue un milagro, y tal vez así fue, pero fui yo el que ayude a que eso sucediera. La misma oportunidad de hacer este milagro tenían las otras 50 personas. Estaban tan distraídos que solo pensaban en sus propias madres. Tal vez fue eso, estaban distraídos y sé que más de uno de ese grupo hubiera hecho lo mismo. Te comento esto no para dárselo a saber a todo el mundo, ni para que me pongan una estatua, ni para que mis obras buenas se enteren en el vecindario. De verdad no es esa mi intención. Solo quiero hacerte saber que tanto tú como yo estamos empezando, no somos millonarios aún, ni tenemos riquezas, ni vivimos súper bien económicamente. Mi punto es que no hay excusa, si esperamos hasta que uno sea millonario para ayudar al prójimo, menos milagros ocurrirán y ¿sabes qué? Una vez que los de arriba sepan que tú estas haciendo tus propios milagros, se alegraran y hasta se te abrirán más puertas para que puedas hacer más buenas obras. Es verdad, pareciera como si estuvieran buscando representantes aquí en la tierra, y te contratan y te abastecen de todo. Practícalo desde hoy, no esperes ni busques excusas, no se necesita ser millonario para hacer tu pequeño milagro cada día. Alguien necesita de ti cada día, alguien espera por ti cada día, no solo tú familia, también hay gente de afuera que necesita de ti. Claro que la familia es primero, pero también tienes opciones afuera donde puedes hacer tus pequeños milagros. Es lo que marcará la diferencia entre nuestro ser y del resto de la gente. Por cada buena obra diaria que hagas, la vida te premiara con grandes obras para ti.

Los milagros existen y falta ver muchos más - los tuyos.

Despertando al León Dormido

Todo ser humano pienso, ha hecho o ha llevado acabo en algún momento grandes hazañas, grandes obras o grandes retos y cuando finalmente las logran, se duermen o se conforman. Al lograr nuestras metas, muchos damos fin a nuestro gran león, que llevamos dentro y simplemente lo dejamos dormir. Una de las más grandes barreras y retos que vencí en mi niñez fue montar la bicicleta. De joven fue manejar el auto y de adulto aparte de declarármele a la chica que más me gustaba, fue emigrar a los Estados Unidos y en este momento mi reto es trabajar para lograr mi meta de que este libro se publique.

Así como sé que somos muchos los que hemos vencido grandes obstáculos para lograr nuestras metas, también sé que utilizamos o despertamos ese león que todos llevamos por dentro en diferentes maneras para lograr nuestros retos. Te recuerdo que sea el reto que sea, el destino del país que sea, lograremos estar donde queremos, y con la mujer que queríamos tener, o con el novio que queríamos tener. No importa si eres hombre o mujer aquí lo que importa es que lo lograras. ¿Entonces que pasa con los que no lo logran? Pregúntatelo, pero desde el fondo de tu corazón. Vencimos tantos miedos, tantas dudas, tantas incertidumbres, y al final lo logramos. ¿Por qué no pude más? ¿Por qué no hice más? La respuesta es sencilla. En mi humilde opinión, sin ser un profesional o un doctorado en la materia, tal vez te pueda dar simplemente mi perspectiva.

Es por que no buscamos más, por que no nos pusimos otros retos, y por que la gente que nos rodeaba era igual a nosotros. Todos estabámos felices con lo que logramos y como nadie buscaba más, es lógico que nosotros tampoco buscáramos más. Así es que todos en nuestro alrededor estaban felices y contentos. Déjame decirte algo: Si tú venciste el miedo, la incertidumbre para llegar donde estas, ya sea fuera de tu casa, o de tu país, lejos de los tuyos o cerca de los tuyos, alejado de ellos por lograr tu meta o tu reto, ya sea de estudios, de negocios, o por amor a esa persona que querías, sea cual fuese las circunstancias, por lo menos ya te demostraste a ti mismo que fuiste capaz. Hay cosas menos dolorosas que dejar mi país, dejar mi familia con tal de estar con la pareja que quiero, o se puede aprender a manejar la bicicleta, o el auto, aun sin tenerlo, esto es otra muy buena señal, que puedes lograr muchas cosas más si te lo propones. Por ejemplo, miles de personas han emigrado a diferentes países y han vencido miles de obstáculos y superado muchos temores para lograr sus metas.

Entonces ya reconocimos que somos capaces de lograr muchas otras cosas más. En cuestión de llevar acabo un cambio económico, lamentablemente casi nunca contamos con personas de estas a nuestro lado ya que no son muchas, y listo, automáticamente pedimos permiso para que nos hagan un espacio en la fila donde se encuentran. Esta fila esta compuesta de gente que esta conforme con lo que tiene que generalmente es casi nada. Por lo tanto, debido a que llevan el león dormido, automáticamente contagian al nuestro que también se pone a descansar y a holgazanear. Así es que se acabo todo y no hay más metas ni logros que conseguir.

¡Ya basta! Despierta y despierta a tu león interior, ya que hay mucho que conseguir, hay mucho que lograr por ti, por tu familia y por el resto de las personas que necesitan un poco de ti. Hay muchas maneras de despertar nuestro instinto interno, o sea nuestro león, y hay mucha gente que escribe mucho de la gran relación entre el éxito y tú interior. Lo que pasa es que simplemente no buscamos o no queremos buscar. En mi caso, parte de mi familia y parte de mis conocidos, me hicieron pensar que no necesitaba consulta de nada ni de nadie pues ellos lo sabían todo. Enseñaban de todo en un sin fin de temas. Te lo repito como ya te lo mencione antes. Era increíble la gama o la lista de diferentes temas que ellos se sentían calificados para opinar con gran seguridad. Pero jamás reconocieron que era simplemente lo que ellos pensaban y que no había un título que los respaldara. Escuchaba de ellos temas de inmigración, de leyes laborales, accidentes y los temas relacionados a los seguros, de tarifas y precios, de trabajos, de mecánica, de deportes, de ciencia, del mundo de la industria, de la música, de ventas de casas, del presente, del pasado, del futuro y hasta del mundo cinematográfico. Sería interminable la lista de los temas que escuchaba de estos supuestamente "expertos" en materia general, cuando en realidad eran o son más ignorantes que yo. Porque repito, la ignorancia es tan solo falta de conocimiento de algo. Y uno como idiota, perdonen la palabra, si esa es la verdadera palabra para describirnos, como tontos por nuestra propia ignorancia, allí estamos atentos oyéndoles y a veces perdiendo el tiempo de la manera más estúpida que pueda haber, tratándole de explicarle o porfiándole nuestro punto de vista. Finalmente, nunca tienes la razón de nada, su perspectiva errónea es que solo ellos lo saben todo y solo ellos han ganado en todo y ellos tienen la última palabra.

¡Alto, para, detente por tu propio bien, ya basta! Aléjate de esa gente ya que no sacaras nada discutiendo con ellos o queriendo hacerles ver una realidad que ellos no quieren ver o no pueden verla. Por favor, se inteligente lector, no pierdas más tú tiempo, aléjate de esa gente que solo información errónea tienen en su cabeza, y solo información errónea te podrán transmitir. Aléjate cuanto antes, no vale la pena perder más tiempo, ya que solo vibras negativas te inyectaran sin tu darte cuenta. Esa gente no solo lleva el león dormido, sino que ya lo mataron y casi lo desaparecieron definitivamente de su interior. Jamás aprenderán a escuchar y por el contrario, piensan que todo lo saben y solo ellos quieren ser escuchados y ese es su gran error.

¿Quién no sabe escuchar, como puede aprender más? A través del tiempo me he dado cuenta que la gente que más habla es la gente que menos escucha, y la gente que menos habla es la gente que mas escucha y de verdad he comprobado que los que mas saben son los que menos hablan. No es una afirmación científica ni médica sino simplemente en mi opinión que he determinado basándome en mis propias observaciones.

Para salir adelante en nuestras metas, busquemos gente con quien asociarnos que también se encuentran trabajando tras sus metas. Esa gente llena de energía y con un inmenso deseo de aprender, y de seguir a la gente que sabe, o que esta mejor económicamente. Búscate personas que se encuentra rodeada de gente positiva y de gente con ganas de explotar ese león que llevamos dentro. Si lo hacemos, automáticamente nuestro león no se quedará atrás y quedrá también luchar por algo mejor.

No hay nada mejor que disfrutar de una buena compañía, de una buena amistad donde cada plática sea un gran placer. Una familia amiga mía los Almonacid, Don Carlos, su esposa, sus hijos, Juan Carlos, Alberto, Pablo, y Luis son una familia muy decente y muy tranquila, por cierto tres de sus cuatro hijos con excepción de Pablo a mi humilde parecer, esos tres muchachos deberían estar jugando fútbol profesional ya que son muchachos talentosos para este deporte. El tercer hijo, Pablo, es, pienso yo, él menos habilidoso para este deporte. Pertenecía a mi club de fútbol el Utah Mix soccer club y tuve la oportunidad de comprobarlo viéndolo jugar. No se comparaba con sus hermanos, pero según él pensaba que era un gran jugador. Recuerdo que muchas veces le fastidiaba o le molestaba cuando bromeando le decía que se dedicara a cualquier otra cosa menos al fútbol. Le decía que en cualquier otro lugar tendría más ventajas que en ese deporte. Tal vez era yo él que estaba equivocado pero tenía la acesoria de los expertos en esta materia del fútbol y coincidían conmigo o yo con ellos mejor dicho. Bueno, deje de ver a esa familia, por varios meses y me aleje ya que estaba ocupado en mis proyectos. En un triple bautizo de mis sobrinas nietas, sí, mi sobrina es madre de tres hermosas trillizas, sí, a pesar de estar en desacuerdo con el bautizo a la edad de un año, tuve que asistir ya que es mi familia y los quiero mucho. En esta ocasión encontré nuevamente a los Almonacid y tuve la oportunidad de charlar mucho tiempo con el joven Pablo. En sus ojos se notaba las ganas inmensas de querer llegar a ser un millonario. Me dijo tantas cosas lindas como por ejemplo quería sacar de trabajar a sus padres, de comprarles otra casa mejor, y viajar con toda la familia. Que bonito fue platicar con él. Sin decirme nada sobre sus proyectos, pude darme cuenta, por sus pensamientos que estaba buscando algo, un sueño. En forma de gracia, le dije que por fin ya había encontrado lo que quería ser, y que de seguir así muy pronto llegaría a lograr todas sus metas y que sus sueños financieros no estaban muy lejos. También le dije que si seguía así, pues a la edad de 25 años él podía ser un millonario pues tenia tan solo 17 años, si, diecisiete años, y ya pensaba de esa manera. "Que bueno", le dije. Si a su edad solo 100 jóvenes de 17 años pensaran en ser millonarios, más de 10 lo lograrían si dieran el cien por cien de sí mismos. "Sigue así Pablo" le dije "y te acordaras de mí que a los 25 años ya tendrás tu primer millón".

Es de este tipo de gente que te hablo, que vale la pena conversar y charlar, gente que tenga un sueño, te contagien y despierten los tuyos. Si a esa temprana edad ya tienen al león despierto en un corto tiempo, ya no será un león, seguro mínimo será un elefante, un dinosaurio o algo más grande y más fuerte que desarrollaran dentro de sí mismos. Pienso que tal vez ahora le estaría dando un empujón y un motivo para que este muchacho llegue a realizar sus metas "vamos Pablo no te distraigas por nada". Las cosas que hemos logrado, los retos que hemos vencido en nuestras vidas, son una gran señal de que podemos lograr mucho más. No creo que existe en este mundo un solo ser que nunca desafió sus miedos para lograr lo que quería. Esto es una buena señal de que todo ser humano puede lograr más, lo único que tenemos que hacer, es vivir cada día en busca de nuestros pequeños o grandes sueños. Una vez que lo hayamos conseguido o logrado, sigamos adelante, pongamos nuevos retos, jamás debemos vivir solo por vivir, conformes y sin buscar más. Solo así mantendremos el león despierto, ya que no nos imaginamos de lo que somos capaces y de los grandes logros que podemos obtener si vamos en busca de nuestro objetivo.

La vida es maravillosa y cuando tenemos metas, más maravillosa se convierte. Te voy a relatar una historia real la cual me dejo admirado y casi paralizado para que veamos juntos de lo que es capaz un ser humano de lograr. Una amiga de la familia emigró a los Estados Unidos y dejo a sus tres hijos con el padre en su país natal Perú. Después de vivir casi dos años en los Estados Unidos seguia sin sus documentos en regla o sea era indocumentada para que nos entendamos mejor. Esto no le impidió lograr lo que quería y no hubo ningún obstáculo que se interpusiera ante esta mujer. Durante esos dos años siempre estuvo en contacto telefónico con sus tres hijos menores de edad, entre la edad de 8 y 15 años. En una de las llamadas que hizo esta mujer como lo hacia todos los días para hablar con sus hijos, se enteró que el padre ya les había puesto madrastra a sus hijos, y esto no era lo peor, sino el hecho de enterarse que todo los días maltrataban a sus hijos. Después de estas llamadas telefónicas se hizo normal casi todos los días escuchar quejas y lágrimas de sus hijos. La madre al enterarse de eso, les dijo a ellos que se fueran a la casa de la abuela hasta que ella llegará y así lo hicieron. Imagínate, sin documentos, desde Estados Unidos hasta el Perú, quería viajar y traer a sus hijos para que estuvieran junto a ella. La verdad aunque parezca difícil de creer así lo hizo. Casi no lo pensó, se fue y al fin de unos meses ya estaba devuelta con sus hijos en Estados Unidos. Imagínense sin papeles, casi sin dinero o muy poco dinero pudo traerse a sus tres hijos sin dudarlo ningún momento, se fue y lo logró. El cómo lo hizo, en realidad no lo sé pero para mí, fue admirable que lo haya logrado en tan pocos meses.

En mi opinión, conozco muchos hombres que tienen el pensamiento de que son muy machos y muy valientes. Y con ganas inmensas de estar al lado de sus hijos, y al pasar los años no han hecho nada, ni el más mínimo esfuerzo para conseguirlo he incluso hay muchos que tienen y cuentan con los papeles en regla, una economía estable y no lo intentan. Como esta mujer sabemos de muchas madres solteras que solas con el sudor de su frente salen adelante, y sacan adelante a sus hijos. Para todas esas mujeres las mejores bendiciones, mi admiración y mi respeto y para todas las madres solteras, les digo que tienen un león que jamás lo dejan dormir cuando hay bocas de por medio que dependen de ellas ni siquiera una siesta toma ese león que llevan dentro. Hay mucho que aprender de ustedes.

Hay mujeres que sin jactarse tanto, tienen más valentía que algunos hombres que se creen el macho más macho de todos los machos.

Mis Diez Franqueamientos

Capítulo 15

Tal vez "franqueamientos" no sea la palabra exacta ni correcta pero es así como quiero expresártela ya que me llamo "Franky". Tampoco es que quiera reemplazarla por ninguna creencia, religión o mandamiento de ninguna escritura. Sino que es la manera como trato al igual que cualquier otra doctrina de imponer mis propias diez reglas de oro para bgrar mis metas. Si tú quieres puedes practicarlas o puedes ponerte algunas propias que te puedan ayudar a lograr tus metas. Estos son mis diez franqueamientos:

1. Al levantarte, darle gracias a Dios por un día más.
2. Pídele a Dios que te ayude a lograr tus metas.
3. Haz mínimo una buena obra cada día.
4. No mientas y acepta cualquier realidad.
5. No juzgues sin saber, ni hables mal de alguien.
6. Trata de comprar todo en efectivo con excepción de una casa.
7. No te metas más en deudas que no ganaras más dinero.
8. De todo ingreso o ganancia monetaria, ahorra lo más que puedas.
9. Invierte parte de tu dinero para que crezca.
10. Comparte parte de tu éxito.

1) Muchas veces me ha tocado ver de cerca como te conté anteriormente a diferentes personas, que desde que se levantan, solo

escuchamos de ellos malas palabras, lisuras y quejas porque se les hará tarde, que no hay azúcar, que se fue el agua, o por que esta lloviendo o nevando. Aprendamos a ser positivos y darle gracias a Dios desde que abrimos bs ojos. En la mañana el solo hecho de poder abrirlos ya es más que suficiente para dar gracias, y por dejarnos vivir un día más, debemos estar alegres por el resto del día. También al irnos a dormir ya es ganancia ya que ganamos otro día. Hay que estar agradecidos siempre al abrir y al cerrar los ojos. El despertar con agradecimiento y acostarnos con agradecimiento es una llave perfecta para abrir la puerta del éxito. Una sonrisa te pondrá más cerca de tu meta que una lisura, una mala palabra o un simple mal humor que a veces ni tu propia sombra te quiere acompañar. Esto es solo un reflejo y una expresión de tu interior que en realidad tu vida esta mal o estas inconforme. Yo le doy gracias al creador todas las mañanas por permitirme ser parte de su creación.

2) Con una meta en mente, y deseando de verdad realizarla lo más pronto posible, con tu interior completamente en acuerdo con tu exterior, te ordenarás que le pidas a Dios cada día para que te ayude al máximo. Finalmente, después de unos días que pases practicando, vendrá solo automáticamente a tu pensamiento y será la energía, las vitaminas, el gran alimento para fortalecer tus deseos y pedidos.

3) Una obra diaria en beneficio de algo o de alguien es una receta para darle paz al alma, darle gracias a la vida y mostrar nuestras ganas por ayudar en algo en esta linda estadía por este mundo. No es necesario que cada buena obra diaria sea un gasto monetario. A veces encontramos situaciones donde solo el hecho de ayudar a una persona a cruzar la calle es suficiente. Puedes guiar a una persona hasta el lugar o la dirección que no encontraba, donar un poco de ropa, visitar algún enfermo, ayudar al vecino mayor que ya no puede cortar su césped y cualquier otra forma en la cual sientas que en verdad hiciste una buena obra.

4) Las mentiras, simplemente tenemos que sacarlas de nuestras vidas. Y la realidad, pues hay que aceptarla, porque queramos o no, son verdades.

5) No desearía que nadie me juzgue sin conocerme y tampoco quiero juzgar a nadie sin conocerlo, esto es necesario practicarlo a diario.

6) La única deuda que de verdad es necesaria para casi todo ser humano en muchas partes del mundo es un techo. No es buena razón endeudarse solo por endeudarse. Cambiemos nuestra manera de pensar. Es mejor que te comas el interés en lugar que el interés te coma a mordidas por mucho tiempo.

7) El comprar en efectivo te dará más poder, más libertad, más tiempo, más alegría, y más control sobre tus entradas y tus salidas de dinero. Cuando hacemos compras a crédito muchas veces nos traerá dolores de cabeza, 100 kilos de papel, llamadas innecesarias, y estrés que podríamos evitar.

8) Al recibir tu cheque de pago o tu dinero ganado o de cualquier otro lugar o cualquier otra cantidad que pase por tus manos, antes de pagar la luz, el teléfono, la casa, las deudas o a cualquier otro gasto, debemos acostumbrarnos a pagarle a nuestro interior y a nuestro exterior que fueron ellos los que se ganaron ese dinero. Son a ellos los primeros que tenemos que pagarles. Así que este dinero va derecho a nuestros ahorros. Para que me entiendas mejor, nuestros ahorros son plurales por que son de tú "yo interior" y de tú "yo exterior" que juntas forman una sola persona. El principio de toda riqueza o mejor dicho la mejor manera de que el dinero se sienta feliz con uno, es cuando siente que le damos su valor y aceptamos que el dinero llama al dinero. También la vida nos cambia cuando empezamos a ahorrar. Parte de todo el dinero que pase por nuestras manos ya sea por nuestro trabajo físico o por cualquier negocio, de cada dinero ganado hay que poner una cantidad fija para el ahorro y no tocarlo para nada. Verlo crecer es el único propósito de nuestros ahorros, solo al hacerlo crecer en números o más ceros, se sentirá más importante el dinero en

nuestras manos. Esta regla debe ser casi sagrada porque nadie es más importante que tú, ni el dueño de la compañía de gas, ni el dueño de tu casa, ni el banco a quien le debas. Ustedes (interior y exterior) se ganaron ese dinero así que páguense ustedes antes que a nadie más.

9) La inversión es una parte muy esencial en nuestra meta de multiplicar nuestras riquezas. Cuidado aquí ya que no debemos tocar nuestros ahorros de ninguna manera. Recordemos que debe ser imposible tocarlos. Podemos utilizar cualquier otro fondo que hayamos juntado, o parte de la ganancia de un negocio o de una cuenta separada de nuestros ahorros. Si puedes invertir $100 para ganar aunque sea un solo dólar de intereses aunque sea en corto tiempo, es la mejor manera de hacer crecer el dinero, sea de la moneda que sea, o del país en donde vivas hay que saber invertir.

10) Esta, como todas las otras reglas son muy importantes para mí. El compartir es la manera más grande de agradecerle a esta vida por todo lo bueno que nos regala. Compartir el éxito no quiere decir que tienes que repartir todo tu dinero. Mucha gente lo puede mal interpretar, compartir también significa enseñar, o aconsejar para que otros hagan lo mismo que tú para que crezcan económicamente. Compartir también significa, si de verdad te va bien compartir conocimiento para que otras personas lleguen a lograr sus metas. Aquí se encuentra un punto importante. Si ya estas en la cima y quieres ayudar compartiendo parte de tu dinero con gente que lo necesita, pienso que las iglesias y las instituciones sin fines de lucro son una buena opción

Si el gobierno pone sus reglas, si tu escuela pone sus reglas, si tu ciudad pone sus reglas y si tu banco pone sus reglas, solo nos queda poner nuestras propias reglas y ejercer nuestra disciplina. No esperemos a que un policía nos ponga una infracción por romper nuestras propias reglas ya que eso jamás sucederá, pero si logras multarte a ti mismo, cada vez que las rompas, tendrás más poder que tu gobierno, que tu escuela, que tu ciudad, y que tu banco, y al final todos saldrán beneficiados.

> Para lograr tus sueños, no hay nada más importante, que seguir y no romper tus propias reglas.

La Hora de Oro

Capítulo 16

Tal vez nunca nos hemos preguntado si en verdad el día tiene 24 horas. Si es así, ¿a qué dedicamos esas horas? Antes de cambiar mi vida, yo las dedicaba de esta manera: 8 horas a dormir, una hora en transporte de la casa al trabajo, 10 horas al trabajo, una hora a mi limpieza personal, una hora a mis alimentos durante todo el día, otra hora tal vez a la televisión o la música, otra hora a jugar o practicar algún deporte, y otras horas en hablar por teléfono. Sumadas claro de minutos en minutos por diferentes llamadas que hacía o recibía. También aquí podemos agregar algunas horas a nuestros quehaceres diarios como poner gas al carro, las compras, limpieza de nuestra casa, entrevistas o platicas sobre diferentes temas con nuestros hijos o familiares, o a amigos. No sé como pero aquí se nos fue el día de una u otra manera se nos fueron las 24 horas. ¿Sabes qué? Lo peor de todo es que no dedicamos ni siquiera una hora a lo que en verdad va a cambiar nuestras vidas. ¡Ya basta!

Vamos a analizar algunas cosas que si le dedicamos el tiempo necesario aseguraremos el éxito. Para que nuestro hijo o hija crezca sano y fuerte, le dedicamos muchas horas de nuestra vida para lograrlo. Para obtener una carrera o profesión son incalculables las horas que se tienen que dedicar para poder desenvolvernos bien en esa materia.

Como nos podemos dar cuenta, cada vez que queremos y buscamos buenos resultados a nuestras decisiones tenemos que invertir tiempo, esfuerzo y dedicación. Por eso quiero compartir contigo algo que yo hago a lo que yo le llamo "la hora de oro". Al levantarme, lo primero que hago es regalarme la primera hora en busca de mi perfección, física, espiritual y mental solo así sé que podré crecer como persona. Practícalo y te darás cuenta que es lo mejor para ti.

Cada día dedicaremos mínimo una "hora de oro" en mejorar nuestro bienestar. Mi hora de oro consiste de lo siguiente:
15 minutos dedicados a Dios, en oración y agradecimientos............
....Para mi Alma
15 minutos dedicados a mi salud y a mi cuerpo haciendo ejercicios
....Para mi Persona
15 minutos dedicados a mi mente leyendo y aprendiendo ....
....Para mi Conocimiento
15 minutos dedicados para visualizar mis metas...........................
....Para mis Sueños

Recordemos que será nuestra disciplina, nuestra fe y nuestra propia seguridad las que nos ayudaran alcanzar lo que nos hayamos propuesto. No hay razón para quedarnos donde estamos, si otros también lo lograron ¿por qué nosotros no? Entonces, entra en acción ya!! para lograr tu sueño y no esperes ni un minuto más.

> Vive cada día con una meta, y despertarás cada mañana luchando por lograrla.

Compromiso Final

Capítulo 17

Si hiciéramos una encuesta entre mil personas, ¿cuántos de ellos quisieran tener una vida económica mucho mejor de la que llevan hasta el día de hoy? y además, ¿cuántos de ellos quisieran ser ricos? seguramente que si no son todos, la mayoría responderían que "sí". Al menos estoy seguro que la mayoría y por un gran margen de diferencia lo quisieran. Si hiciéramos la misma encuesta con otra pregunta ¿cuántos desearían ser financieramente libres y millonarios? Tendríamos también una diferencia enorme entre los que lo desearían y no. Lamentablemente tenemos que reconocer que estos sentimientos son muy fáciles para desear, pero extremadamente difíciles para obtener. Esta es la gran diferencia entre la grandeza y la pobreza. Pongamos por ejemplo, que por alguna circunstancia de la vida tenemos un problema en la corte ya sea por una infracción de velocidad, una multa por manejar sin seguro de auto o cualquier otro problema donde nos estipulan una multa de dinero para pagar. Yo te preguntó si tú le dijeras al juez "si señor yo deseo pagar la multa nada mas déme tiempo y después nos arreglamos". ¿Qué crees que pasaría? Ya nos podemos imaginar, o se reiría de nosotros si con suerte esta de buen humor o de lo contrario hasta ordenaría que nos encierren por unos días. ¿Sabes qué? La realidad es que no sales de la corte hasta que no hayas llegado a un acuerdo de cómo y cuanto vas a pagar. Si te dejan ir, no has dejado nada de garantía solo tu palabra y cuando mucho tú firma. No hubo nada definitivo en este ejemplo, simplemente el juez te comprometió a que cumplas sino té iría peor. De la misma manera cuando vas a comprar un auto, a rentar una casa, a pedir un préstamo, a estudiar en la universidad ve y respóndeles con la misma respuesta de los supuestos encuestados de nuestro ejemplo, "les desearía pagar", "les quisiera cumplir", y "espero les pueda quedar bien", es un hecho real que si contestas de esta manera (deseo y ganas), no comprarás nada, no rentarás nada, nadie te hará un préstamo y tampoco podrás estudiar. Sólo obtendrás esto después que te hayas comprometido y haber dejado firmado papeles que darán constancia de tu compromiso. ¿Y quieres saber que pasaría si no cumples tu compromiso? tienes toda la razón, te quitan el auto, te botan de la casa, y dejaras la universidad y de seguro podrías terminar como vendedor ambulante con todo respeto y sin ofender a nadie ya que hay miles de vendedores ambulantes que viven mejor que cualquier profesional.

Bueno, el punto de todo esto es que te quiero hacer ver y que me entiendas claramente lector, que lo más importante en esta vida, en este mundo y en este planeta, es el compromiso. De la misma forma amigo, si buscamos riquezas tenemos que comprometernos a lograrlo pero comprometernos el cien por cien. No es suficiente simplemente querer o desear. Estos sentimientos te podrán ayudar en algo, pero el compromiso en verdad es más importante. No esperemos a que nadie nos haga firmar una infracción o un contrato como sucede en las cortes o en los alquileres para entrar en acción por tu compromiso, eso jamás sucederá, entiéndelo, métetelo en la cabeza, jamás pasará eso en tu vida salvo que tu mismo te comprometas, en realidad nadie más solo tú tendrás esa decisión. Ya para acabar este capítulo, te contaré una pequeña historia que viví cuando era pequeño.

En mi país natal en el barrio que crecí, vivía un señor que recuerdo, no sabía leer ni escribir. El señor era provinciano, o sea no era capitalino y esto no es ninguna ofensa ya que en muchos países, algunos capitalinos (de la capital) se sienten más importantes que los que no son de ahí. Yo no estoy de acuerdo en nada de eso, es una estupidez. En esta historia les demostraré que no es así. Todos somos iguales y todos tenemos los mismos valores como seres humanos. También tenemos las mismas oportunidades.

Bueno, este señor se puso a vender pan en una esquina, y recuerdo que él salía con su canasta grande tal vez con 200 o 300 panes en aquella canasta. Un camión venía y le dejaba el pan. Después de un tiempo, se compró una carreta, una caja grande con ruedas para empujarla, él caminando y empujando su carreta dando la apariencia de un baúl gigante como el de cualquier película de piratas. Aquí el tesoro era el pan y en la caja grande le cabían tal vez 400 o 500 panes. De esta manera ya no-tenia que esperar en aquella esquina al camión. Ahora se lo traían directamente a su casa y luego él salía empujando su carreta. Después de unos años recuerdo bien que se compró un triciclo tipo bicicleta con una caja más grande y él pedaleaba y ya no solo vendía en el barrio sino que también cruzó a otros barrios vecinos. Al cabo de un tiempo, tenía ya 4 de estos triciclos y a otros trabajadores repartiendo en diferentes puntos de la ciudad. En alguna oportunidad de mi juventud recuerdo que lo ayude unos días pues le faltaba un vendedor. En aquel entonces tendría yo 13 años. Así que agarré mi ruta, y te soy sincero al decirte que no era tanto la ilusión de trabajar pues jamás tuve una bicicleta en mi niñez y tener la oportunidad de tener esa bicicleta con caja pedaleando tanto tiempo a mi disposición fue un negocio redondo para mí. Ya de más grande, mi hermano mayor Nicolás me mandó una bicicleta de Estados Unidos y que alegría sentí. Después de un tiempo, este señor abrió una panadería, y luego otra y muchas más bici- carretas y tenía muchos trabajadores tal vez 50. Se mudó del callejoncito que vivía a una casa nueva que compró y era una de las casas más bonitas del barrio.

Como resultado final te diré que ese señor obtuvo muchas riquezas. Su fortuna creció y su vida económica fue diferente. ¿Qué crees que lo llevó a su éxito? Claro que fueron las ganas, y el deseo, pero pienso yo que lo más importante para lograr sus metas fue su compromiso. Se comprometió a lograrlo y no paró hasta conseguirlo, es realmente un hombre digno de admiración y respeto, el señor Manuel Camchumani de la Urbanización la colonial en el Callao Perú. Finalmente quiero decirte querido lector si quieres ser millonario, si quieres bajar de peso o para cualquier cosa que de verdad deseas, lo más importante es que te comprometas de verdad a lograr esa meta o morir en el intento.

Comprometerte en lograr lo que quieras es tan importante como el querer o desear.

Mi Gran Verdad Puede Ser tu Gran Mentira

Capítulo 18

En esta última parte quiero decirte desde lo más profundo de mi ser, mi gran verdad que durante mucho tiempo simplemente vivió conmigo y no fue más que una mentira. Tal vez muchos la llevamos por años y de no hacer nada, moriremos en esa gran mentira. Puede ser tú verdad también, como te lo he mencionado antes, no importa donde te encuentres ni en que país vives. Alrededor del mundo tenemos muchas cosas en común aún encontrándonos en puntos distintos y distantes. La primera cosa que tenemos que reconocer como lo hemos considerado en capítulos anteriores, es la de mentir que estamos conformes con nuestra situación económica, y que por el contrario, necesitamos mucho más. Es verdad que mi esposa y yo estábamos endeudados a tal punto que ya ni sabíamos que hacer para salir de esas deudas. Yo debía mucho y pido perdón y disculpas a todos a quienes les quede mal, ya que eso me llevó a decir ¡ya basta! Estoy saliendo ya de muchas deudas y si me quedara alguien a quien le debo, que no lo dude más, su dinero será devuelto. Si tuviera que pagar algún interés por eso, tendré que hacerlo. Perdón a todos.

Si para lograr este sueño, tengo que tocar 40,000 o 60,000 puertas para vender tan solo diez mil libros, así lo haré pues esa es mi meta - vender mínimo diez mil libros. Si logro vender mucho mas, que bien pero no menos, "no" nunca jamás. Compartiré unos números contigo para mostrarte mi verdad.

Yo quiero vender mínimo diez mil libros pero para lograrlo, tengo que ponerme una meta clara y concreta. Entonces te diré que quiero vender mínimo diez mil libros en el período de dos años. Haga lo que haga, tengo que cumplir este reto de diez mil en un período de dos años. Esto quiere decir que si el año tiene 365 días en dos años tendré solo 730 días para lograr mi meta. Y significa que para lograr mi compromiso con mi persona, tengo que vender 14 libros diarios por que 14 x 730 es =10220. Me pase por 220 libros, que bien, y si para lograr esta meta tengo que tocar 40 puertas diarias pues entonces tocaré 29,200 puertas. ¿Quieres que te diga un secreto? Pienso que para lograr mi meta, el tiempo requerido y la inversión de dinero es relativamente poco comparados con las horas de trabajo que tendré que invertir para ganarme tal vez menos trabajando para otro. Y dime tú, quien quita que tal vez una vez que este libro este listo para la venta a través del Internet, por medio de amigos o tal vez por medio de empresas interesadas en este negocio, logre ese reto antes de lo esperado. Que bueno sería y que bueno que así podrá ser, pues si no tuviera ninguna meta, no tendría ninguna esperanza para un futuro mejor. Después te podré comunicar el resultado. Te estarás preguntando lector, porque estoy incluyendo en mi libro tantos datos y números al menos en este capitulo. Tengo que hacerlo con la única intención de hacerte ver una gran verdad, que una meta o un sueño, si no es bien planificada se puede convertir en una gran mentira.

Estoy sumamente convencido que así será que lograré mi meta y ¿sabes por qué te lo puedo confirmar? Por que así lo deseo, por que así lo haré, por que si no, moriré en el intento. Como ya te confesé anteriormente, en el momento que comencé mi meta, no era millonario, ni tampoco tengo una gran posición económica hoy día. No me da vergüenza compartir que vivo en una casa movible de 48 pies o unos 35 metros de largo por 12 pies o 9 metros de ancho. Como vivo solo con mi gran mujer, por el momento esta bien, claro que no es lo que quisiera para más adelante, el espacio es reducido y más son las incomodidades que las comodidades pero es el precio que tengo que pagar para realizar mi sueño de terminar este libro. Solo así tendré la capacidad o la ventaja de ahorrar un poco más de dinero para la publicación. Creo que vale la pena mi sacrificio, estoy tras mi meta y soy una persona casi en la misma condición económica que muchos que los que están a mí alrededor, como mis vecinos, familiares y amigos. La diferencia entre ellos y yo es que cada día trabajo más para lograr mi sueño que es publicar este libro.

Tengamos fé lector que si trabajamos duro, la vida nos recompensará con cosas buenas para nosotros. Aquí es donde tengo que explicarte otra vez que a veces nuestra verdad es una gran mentira y mientras no la reconozcamos, jamás la vamos a corregir. La gran verdad es que si estamos en una mala situación económica, hay que despertar, ¡ya basta! Ya es hora de hacer algo para cambiar este aspecto de nuestra vida. Es verdad como te dije anteriormente, que si es necesario alejarnos de personas negativas y fracasadas e infelices es mejor hacerlo aunque suene cruel.

Es verdad que tenemos que reconocer que somos nosotros mismos los que tenemos que solucionar nuestros problemas. Ni los amigos ni la familia ni los gobiernos son responsables de nuestros problemas ni de donde estamos económicamente con excepción de dos o tres países donde la libertad, es tema de otro libro u otro capítulo. Quiero compartir contigo algo que me sucedió hace poco tiempo que aplica aquí. Dentro de mí circulo familiar y de amistades cada vez que alguien necesita o esta en una situación difícil y se necesita el factor principal don dinero, me llaman y piden la colaboración, directa o indirecta. Directa es cuando a veces me llaman que están recolectando dinero para el familiar que esta muy enfermo o que ya murió tal persona. Doy o daba mi cuota. En muchas ocasiones mi propia familia pone la tarifa de cuanto se tiene que aportar y hay amistades que me han llamado diciéndome que es tanto por persona. La forma indirecta es que tienes que asistir a una actividad para levantar fondos para tal cosa o para tal persona. No digo que esta mal que la gente se ayude entre sí, que incluso yo mismo hice una actividad para ayudar a un familiar. Aparte de poner mi cuota de dinero, todo lo recolectado lo envié a la persona que lo necesitaba.

Hace mucho tiempo que ya no pienso así, si uno quiere ayudar, creo que no debe esperar a que alguien se le ocurra la famosa idea de la colecta. Una vez enterado que tendremos que ayudar económicamente a un familiar, hay que acudir sin esperar a que nos llamen. Hay que ayudar económicamente donde es necesario y donde es nuestra la responsabilidad. Ahora que la hermana de mi señora, se ha desaparecido y nadie sabe nada, solo que se murió en el desierto, ya hemos hecho todo lo humanamente posible para encontrarla con un gasto monetario casi difícil de creer. Es en esto donde nos hemos gastado gran parte del dinero que teníamos para cubrir los gastos de publicar este libro, que lo juntamos con tanto trabajo. ¿Sabes que? En mi caso por experiencia propia, no ha habido ningún solo ser que haya dicho "sabes que, aquí esta tanto de lo que sé ha recolectado" o "aquí esta mi colaboración". Ni familia, ni amigo, ni desconocido, económicamente la gente esta quebrada, y ¿sabes qué? Cuando tú necesitas ayuda, nadie te ayuda con dinero. En nuestro caso, no recibimos ayuda económica de nadie. Mi señora hasta abrió una cuenta de donación para que mi familia y amigos colaboren. Claro que yo estaba y estoy en total desacuerdo con esas medidas, pero al menos así tuvo que pasar para que la compañera de mi vida se diera cuenta de que si tu no estas preparado para una necesidad, nadie, leáme bien, nadie, tiene por que ayudarte. Si lo hacen que bien, en buena hora, pero reconozcamos que solo es nuestra propia responsabilidad de resolver cada situación donde sea necesario el dinero. La gran verdad es que solamente tú eres el único responsable de solucionar tus propios problemas y es mentira que tienes que esperanzarte en alguien más.

Ahora entiendo el dolor que la familia de Graciela Beltrán deben estar pasando pues también perdieron un familiar y hasta ahora no saben de su paradero o si vive o esta muerto. Dios les ha dado fortaleza para saber sobre llevar esa situación por tantos años. Si los secuestradores del mundo supieran el dolor que le causan a una familia, tal vez estarían pidiendo perdón por el resto de sus días. No saben el daño que causan. Aquí también es apropiado mencionar el dolor que tuvo que haber pasado el señor y embajador de la música mexicana Don Vicente Fernández, cuando le secuestraron a uno de sus hijos. Se lo regresaron con vida pero le cortaron un dedo, y así hay muchas familias más.

Recuerdo a través de un amigo, haber conocido un millonario de origen chino, él le solicitó si nos podía ayudar económicamente para tratar de localizar a esta persona desaparecida (mi cuñada). Créeme que no lo hizo ni con un solo dólar, y ¿sabes qué? Tiene toda la razón de no hacerlo. Es nuestro problema, no tengo nada en contra de este millonario, sino que al contrario lo admiro y lo respeto mucho y tengo bastante que aprender de él. Esto no quiere decir que necesariamente tengo que pensar exactamente igual que él. Mi verdad es que de él, solo tengo que aprender como hacer dinero, y de la manera de como piense yo, o como ayude yo a la gente ante esta situación es una cosa muy diferente. Lo bueno de todo esto es que aprendí algo. La verdad que aprendí es que a aparte del dinero para mis ahorros, pudimos separar tanta cantidad de dinero para el proyecto de este libro, y si hoy gastamos casi todo en la búsqueda de mi cuñada sin obtener ningún resultado, no hay problema que estoy listo para volver a reunir esa cantidad y mucho más.

Una vez que aprendes a dominar el dinero, a ningún gasto le tendrás miedo. Créemelo, si tu cabeza esta preparada para hacer dinero lo harás en donde quiera que estés. Donde este tu cerebro sabrás que allí puedes lograr lo que quieres. Te darás cuenta que si lo hiciste una vez, lo puedes hacer dos, tres o cuatro veces más de nuevo y ya no tendrás ningún temor. Es por esa razón que hay millonarios que quedan en quiebra, y después de un corto tiempo, de nuevo son millonarios. Todo esta dentro de él, no hay nada por fuera, nada créeme que es la verdad. Esta es mi verdad que siempre fue una mentira dentro de mí. Cuidado ya que mi gran verdad fue por mucho tiempo una gran mentira que solo nos puede causar daño si se sigue hospedando dentro de nuestro ser.

Amigo lector, si has leído hasta aquí, me indica que eres una persona persistente y que lo que empiezas no lo dejas hasta terminarlo. A pesar de no ser doctor y de no tener ningún título universitario o profesión, lo pude sentir por que así también soy yo. Siento que has utilizado esa curiosidad para leer todo esto, esa disciplina de terminar lo que empiezas o si simplemente es por que te gusta leer, que bueno, puedes lograr mucho más. Actuemos cuanto antes, yo ya inicie, recuerda que somos seres casi en la misma condición económica.

Juega en este gran parque de diversiones que es esta vida. Esfuérzate, invierte y diviértete. Te deseo de todo corazón que lo logres y le pido a Dios que te ayude a conseguir lograr tu meta. Y si tu deseo es mejorar tu condición económica, empieza ahora o nunca lo harás. Hazlo ya, ¡ya basta! Te mereces y nos merecemos mucho más.

> Cualquier problema sin dinero, es un gran problema, con dinero es un pequeño percance.

Nada nos Puede Detener, Nada

Capítulo 19

Publicar este libro es mi más grande sueño y la primera meta de las muchas que tengo que realizar. Si este libro llega a tus manos, ya habré finalizado uno de mis retos más grandes. Haré todo lo que un ser humano tenga que hacer, venceré cualquier obstáculo que me salga al frente, no habrá persona que me dé la mas minima vibra negativa en contra de mi sueño. No habrá ni un mensaje desalentador que deje penetrar en mi cerebro que me obstaculice o retrase mi meta, creo sinceramente en la fuerza de atracción, pero creo mas en la atracción combinada con la fuerza de la acción y si solo pienso que este proyecto me traerá cosas buenas, pues solo cosas buenas tendré como resultado. Soy una persona decidida y será mi decisión y esta actitud lo que me hará salir ganador en este gran reto.

En esta última parte solo quiero recalcarte, dejarte bien claro para que me entiendas bien, que todo lo que en este libro te he manifestado es real, es mi experiencia vivida, si yo estoy realizando mi meta, tú también lo puedes hacer. Es increíble la cantidad de energía negativa que hay a nuestro alrededor y lo peor es que esas malas energías son disparadas por la misma gente que se encuentra a nuestro alrededor, hacia los que estamos intentando progresar. La naturaleza, el mundo, y esta vida en sí esta llena de cosas positivas. Desde el momento que llegas a este mundo tienes contacto con la naturaleza y todas las cosas maravillosas que hay dentro de ella. Hay que poner énfasis en estas cosas a diario para que tu mismo ser se pueda dar cuenta de quienes fueron los que implantaron todos tus miedos, malas actitudes o malos pensamientos. Yo té pregunto ¿Fue el universo o la forma como te criaron o educaron? Hace poco asistí, a una charla para iniciar un negocio por mercadeo donde podrías invertir desde $500 dólares hasta la cantidad que desearías en miles o millones de dólares. Casi te garantizaban que recibirías el triple en menos de dos años y en pagos mensuales a partir del primer mes. Conocí un millonario allí que estaba interesado en este negocio así que pagó casi $100 mil dólares para que sus abogados investigaran los archivos de los fundadores. Después de que sus abogados le confirmaran que eran gente de bien, el millonario que yo conocí en persona o sea en carne y hueso, invirtió. Si, invirtió cien mil dólares en ese negocio de mercadeo, entonces ni loco para ponerme a pensar si era bueno el negocio o no, simplemente invertí un poco de dinero. Si el chinito como le digo al millonario, se metió y arriesgó esa cantidad, pues por que tener miedo de arriesgar mi pequeñísima cantidad.

Si mi dinero se va a triplicar o no, no me preocupa, tengo fé que así será. Lo que más me preocupa es que cada vez que asisto a una reunión de esas donde tienes la posibilidad de empezar tu propio negocio, donde todo esta ya establecido, y lo único que hay que hacer es invertir y recorrer la palabra para conseguir más gente, me encuentro con mucha negatividad entre los participantes. Estos últimos días, tenemos muchos nuevos negocios al frente y casi a diario nos encontramos con uno nuevo tipo multi-nivel. De estos negocios multi-nivel sé que hay muchos fantasmas que aparecen y luego desaparecen y algunos hasta con nuestro dinero. De una cosa estoy bien seguro, no todos son malos o falsos. Hay algunos de estos negocios que son reales, en donde quienes se esfuercen y trabajen más, es lógico que ganará más. Lo preocupante es que casi toda la gente es negativa. En las reuniones que asisto veo como están totalmente negativos e incrédulos y uno contagia al otro.

Hay que preguntarnos, ¿cómo vamos a poder salir adelante si todos lo que tenemos a nuestro alrededor son negativos? Tal vez uno de esos negocios que se te presentaron era tu gran oportunidad, pero por dejarte llevar del que estaba en el asiento del lado la perdiste por que él, no tenía dinero para invertir y menos el valor de intentarlo. Te fulminó y ni te diste cuenta y dejaste penetrar toda esa mala vibra, cuando tú en realidad pensabas que valía la pena al menos intentarlo. Cuando sientas un presentimiento, una pequeña señal, un eco desde el fondo de tu interior, escúchalo, y no dejes que nada ni nadie piense por ti. Sé original, y toma tú mismo las decisiones y si algo te dice intentémoslo, inténtalo y si no resulta, que importa, al menos ya aprendiste a perder el miedo, y a decidir por ti mismo. Yo prefiero perder por mí mismo a dejar de ganar mucho por culpa de otros.

También es bueno que recordemos que tenemos que saber que cantidad de dinero es la que podemos arriesgar, dependiendo de cuanto tengamos. Recuerda quien no arriesga es por que no tiene mucho o nada o les falta valor, y quien arriesga es por que tiene algo y simplemente busca mucho más. No sé a cual grupo quieras pertenecer. Yo prefiero enlistarme en los del segundo, recuerda que no todo es real pero tampoco no todo es falso. En esta vida, es sumamente importante que utilices tu razonamiento antes de actuar.

| Solo hay algo que te puede detener, eso se llama tú y solo tú. |

Tu Puedes sí en Verdad lo Quieres

Capítulo 20

A continuación te recomendaré unos libros que serán el río que te conducirá hacia ese mar de riquezas y grandezas que buscamos. Solo recuerda que él único que podrá conducir el barco, el remo o la canoa serás únicamente tú. Solo tú tendrás el control total de esta embarcación y solo tú tendrás el poder de decidir hasta donde quieras remar. Si té quedas a medio camino serás tú el que lo quiso así o de lo contrario, si por tu familia y por el bien de todos especialmente de tu persona remas hasta llegar al océano de grandezas y riquezas, no te arrepentirás de haberlo hecho. Tenemos que recordar que en realidad no es fácil llegar a ese océano. Recuérdalo mil veces si es necesario. Por ser tan difícil la jornada, solo llegaran los que persistan y no desmayen hasta lograr que el sueño se convierta en realidad. Somos muchos los que tenemos este sueño pero para la mayoría se convierte en sonambulismo. Millones quieren llegar a los Estados Unidos a realizar sus sueños, pero una vez aquí andan como sonámbulos del trabajo a la casa y de la casa al trabajo. ¡Despierta, y ponte a trabajar! Todos pueden realizar sus sueños pero son muy pocos los que están dispuestos a pagar el precio que requiere. Esto me hace recordar las clases de inglés que un tiempo estudie. Recuerdo que al iniciar el curso, 50 personas estaban listas y dispuestas a sacrificarse y hacer todo lo posible para aprender el nuevo idioma. Después de unas semanas solo quedaban 30 personas todavía con muchas ganas de aprender inglés, pero resulta que al finalizar el curso, sólo quedamos 15. Mi pregunta fue ¿qué paso? ¿Dónde están las otras personas si todos inician con ganas y todos quieren superarse? ¿Por qué unos terminan el curso, y otros no?

Igual es el camino que conduce a la grandeza económica. Todos empiezan con ganas, todos están dispuestos a dar el cien por cien y al pasar el tiempo en vez de que el deseo crezca, al contrario se va evaporando. Por eso te recomiendo que siempre tengas un buen libro a tu lado o un audio motivador. Cada día que sientas que estas flaqueando o ya casi estas dispuesto a abandonar tu meta, aliméntate, vitamínizate, vigorízate de una buena lectura o de un buen audio. Esa será la gran diferencia entre tú y el resto que no esta dispuesto a arriesgarse. Cuidado que afuera en la calle son más las trabas y los baches que vas a encontrar para que no logres lo que te propongas, por eso son muy pocos los que logran sus metas. No te intimides con nada ni dejes que nada ni nadie té aparte de tu meta ya que tú puedes lograrla.

Para aprender cualquier curso si quieres estudiar a través del correo, de seguro que te llegaran DVD's y libros. Por ejemplo si quieres aprender computación es lógico que te enviaran libros y DVD's de computación, o si quieres aprender fotografía de igual manera te enviaran libros y DVD's para que aprendas a ser un fotógrafo. De la misma manera si quieres aprender hacer dinero, no esperemos a que un Aladino nos mande un buen libro, vamos muévete sal a buscarlo. Hay muchos grandes millonarios que han puesto su granito de arena para que los aproveches, y ¿sabes qué? No cuestan mucho, y si no quieres gastar hasta puedes leerlos en una biblioteca gratis, ¿qué más necesitas? Es sorprendente saber que tenemos herramientas a nuestra disposición pero no queremos utilizarlas. Es más recomendable claro que te los compres ya que puedes hasta viajar con ellos por días o semanas si quieres. También quiero pedirte que por favor a partir de este día, trates de regalar un libro. No es que sólo quiera hacerme publicidad con este libro, ya que tienes miles de donde escoger. Si conoces de alguien que quiere o necesita salir adelante, ayúdalo regalándole un buen libro y le darás la mano de tal manera que no sabes, cuanto te lo agradecerá.

Los libros que a continuación te recomendaré son los que te ayudaran como no tienes idea y de verdad si los lees, tu mente empezará a transformarse y ver una luz que de verdad sabrás que puedes lograr tus metas económicas. Yo te recomiendo que lo hagas y veras como cada libro te va alimentando y al final de leer todos ya no necesitaras mas que seguir las recomendaciones que en ellos encontraras pues tu solo empezarás a buscar las grandes verdades de conocimiento que se encuentran allí:

1) *El Camino a la Grandeza Financiera,* por Louis Barajas. Mas que un libro, es un buen consejero para toda persona y cuando te inicias se convierte en guía turístico en el país de la riqueza.

2) *El Hombre más Rico de Babilonia,* por George S. Clason. Aquí encontraras los pasos precisos que debes tomar para llenar tus bolsillos.

3) *El Millonario Automático,* por David Bach. Aquí encontraras la manera de hacer todo sistematizado y te ahorrara mucho trabajo.

4) *El Arte de Hacer Dinero,* por Mario Boghino. Un sistema fácil y sencillo para entender y crecer tu inteligencia financiera.

5) *La Transformación Total de su Dinero,* por David Ramsey. Explica en una manera muy clara para poder entender que si otros pueden lograr sus metas, nosotros también podemos.

6) *Papa Rico Papa Pobre,* por Robert T. Kiyosaki. En este libro encontraras verdades muy sorprendentes de una mente de pobre y una mente de rico. También explica lo que los ricos les enseñan a sus hijos sobre el dinero que los pobres no.

7) *Como Hacerse Rico,* por Donald J. Trump. Una buena tarea para ti lector. Investiga quien es el gran Donald Trump y tu mismo sacaras tus conclusiones y luego te darás cuenta que uno con dinero escribe lo que quiere.

8) *El Millonario de al Lado,* por Thomas Stanley y Williams D. Danco. Aquí encontraras las investigaciones que tú ya no tendrás que hacer para diferenciar la riqueza de la pobreza.

9) Los Secretos de *Una Mente millonaria*, por T. Harv Eker. Este fabuloso libro se podría convertir en tu próximo diccionario sobre la riqueza.

10) *Los Principios del Éxito*, por Jack Canfield. Aquí ya empezaras tu transformación para el éxito total.

Té recomiendo que no dejes de leer estos libros. Estoy convencido que si los lees todos será como hacer un curso en cualquier universidad del dinero y del éxito. Todo esta en tus manos ahora todo depende de ti. No tienes ni una excusa para no hacerlo estés donde estés, y en la situación que te encuentres puedes empezar. Si no tienes dinero, esto no debe ser un impedimento. Trabaja física o mentalmente para conseguirlo. Puedes vender o inventar algo. Busca una manera donde honradamente puedas crear una fuente de ingresos. Si te encuentras privado de tu libertad, tampoco te puede impedir. Vamos amigo, errar es de humanos, prepárate desde adentro y cambia tu mente para que cuando llegue tu libertad, busques la libertad financiera, y si tuviste valor para cometer cualquier delito también demuéstrale al mundo y a la vida que tienes valor para luchar honradamente por tu libertad financiera.

Les deseo suerte a todos y sé que llegaremos a conseguir nuestra meta si de verdad nos la proponemos. Un millón ahora en estos momentos, ya no es mucho como antes, puede ser tan solo el valor de una casa, de un negocio, de un hotel etc. Con un poco de ayuda a través de estos libros será más rápido llegarle. Entiéndame lector, si nuestra meta es conseguir un millón, somos nosotros mismos los que tenemos que conseguirlo. Cambiando nuestra manera de pensar, cambiaremos nuestras actitudes, y al cambiar nuestras actitudes, cambiaran nuestras bolsas. Tu riqueza no la vas ha conseguir en un casino, ni en la lotería, no tires más tu dinero ni se lo regales tan fácil a millonarios que ya están en la cima y saben como jugar con su dinero. Ni el casino, ni la lotería ni cualquier otro juego de azar, te dará la riqueza que habrás obtenido por merito propio. Después de tener lo que has querido podrás hacer lo que quieras y divertirte mucho mejor. ¡Ya basta! Hazlo por ti, por los tuyos, y por la vida. Recuerda, si empiezas ahora llegaras mañana, pero si empiezas mañana, no sabremos cuando llegaras. El pasado ya se fue. Si fue malo, que importa, el presente es lo que cuenta para hacer nuestro futuro mucho mejor.

Que Dios los Bendiga

Segunda Parte

Eres tú lector y nadie más que podrá dar forma a esta segunda parte. Actúa desde ahora mismo para cambiar tu futuro. Un gran número de seres humanos, actúan de acuerdo a lo que su mente les dicta. En comparación, los grandes triunfadores han logrado dominar su mente y hacerla actuar de acuerdo como ellos quieran. Amigo lector, no sé en que nivel económico estés, pero sé que en algún capitulo de este libro tuviste que decir "¡Ya Basta!" Y si lo dijiste, a partir de ese momento, tu mente empezará a actuar bajo tus órdenes.

Recuerda, que toda riqueza, obtenida sin mérito propio, no es duradera. Por lo tanto, empieza poniendo una meta concreta y escribiéndola aquí:

Meta:_____

_____

_____

_____

Pasos que tomar para lograrla: _____

_____   _____

_____   _____

_____

Fecha de Plazo: _____

Tu Recompensa: _____

Habrás notado lector que al final de cada capitulo, has encontrado este dibujo:

No sé si es telepatía, no sé si es sexto sentido, pero déjame decirte algo. Cuando tienes las mentes adecuadas en tu equipo de trabajo, todo te resulta casi perfecto. Después de leer este libro, mi escritora la Señora Sonia Pineda, me lo sugirió y ¿sabes que? Pareciera que me hubiera leído la mente, era exactamente lo que andaba buscando para darle un toque especial a mi libro y jamás se lo dije. Ahora te explicare brevemente porque me gusto y porque entendí el mensaje de mi escritora.

Poco a poco, sal del círculo en el que estas, si es malo. Una vez que salgas, podrás impulsarte hasta arriba en cualquier aspecto de tú vida.

¡Suerte!